VALUE 价值志

01

芒格书院_编

中信出版集团 | 北京

图书在版编目（CIP）数据

价值志 . 01 / 芒格书院编 . -- 北京：中信出版社，
2025.3（2025.5 重印）. -- ISBN 978-7-5217-7384-2

Ⅰ . F830.91

中国国家版本馆 CIP 数据核字第 2025WN4330 号

价值志 01

编　者：　芒格书院
出版发行：中信出版集团股份有限公司
　　　　　（北京市朝阳区东三环北路 27 号嘉铭中心　邮编　100020）
承印者：　河北鹏润印刷有限公司

开本：880mm×1230mm　1/32　　印张：8.75　　字数：185 千字
版次：2025 年 3 月第 1 版　　　　印次：2025 年 5 月第 2 次印刷
书号：ISBN 978–7–5217–7384–2
定价：68.00 元

版权所有·侵权必究
如有印刷、装订问题，本公司负责调换。
服务热线：400-600-8099
投稿邮箱：author@citicpub.com

"In my whole life, I have known no wise people (over a broad subject matter area) who didn't read all the time -- none, zero. You'd be amazed at how much Warren reads -- and at how much I read. My children laugh at me. They think I'm a book with a couple of legs sticking out."

Charles T. Munger, *Poor Charlie's Almanack: The Wit and Wisdom of Charles T. Munger*

目 录

追忆我的老师查理·芒格　　李录　/001

尝试求解智慧的方法　　胡永波　/004

我的剑留给能挥舞它的人 /036
——芒格在2023年每日期刊股东会上的讲话

致力于为每个问题找到正确的答案 /098
——芒格书院对话芒格

Buffett@1962　　陈蔚文　/111

西科金融公司简史　　施宏俊　/131

需要关注风险，但不必为此失眠 /142
——常劲西雅图问答录

抓住真正的大机会 /171
——莫尼什·帕伯莱演讲实录

KKR研究：20世纪80年代的LBO浪潮　　杨昊　/201

女儿的小狗存钱罐　　马瑞　/234

回望百年芒格 /246

追忆我的老师查理·芒格

李录

_喜马拉雅资本创始人

周二在亚洲出差，我接到查理家人的电话，被告知查理已经生命垂危。我马上搭机返回加州。临行前，通过查理女儿的电话，我和他做最后的通话。此时查理已经意识模糊，但是中间几次都能听到他努力地发出声音，仿佛听到了我的话。下飞机时知道，查理已经在几个小时之前离世了。

来到查理在圣巴巴拉的家里，有机会和他的家人回忆起查理生前的点点滴滴。他的家人告诉我，就在几天前的感恩节，查理还是那么迷人、幽默且充满智慧……我又回到查理的图书室，整整二十年前，就是在这间屋子里，也是感恩节周末的下午，在我们共同的朋友罗纳德·奥尔森（Ronald Olson）的介绍下，我和查理交谈了数个小时，从此开启了我们二十年的投资伙伴关系。查理成为了我的导师、合作伙伴、挚友，最重要的是，他是我终生的榜样。

我万分感激，芒格一家在第二天为我做了个特别的安排，让我能向查理做个正式而私密的道别。

查理·芒格像（作者：孙诺）

  在教堂的一角，查理静静地闭目躺在床上，和离世前一模一样，安详、平和，脸上流露出一丝不易察觉的微笑。他身上有一种宁静的气质，一时间竟让我想起在泰国寺庙里看到过的肉身佛。在佛教传统中，真正开悟的得道高僧，通过一生的修身养性，死后依旧可以保持肉身不腐。在那一刻，我仿佛在查理身上看到了相同的影子。他如得道高僧，经由终生修行，金身不腐，浑身都散发出永恒的光芒。

查理不是佛教徒，那幅景象不会真的出现。但是，毫无疑问，他的遗产和影响将会世代相传。

在资本主义社会中，美德、道德责任、追求真理以及为公共服务的精神该何去何从？查理·芒格用他堪称楷模的漫长一生回答了这些问题。他坚持以最合乎道德的方式赚钱，他只会做这样的生意——当他对换为交易的另一方时，他也能坦然地接受。他通过终身学习寻求普世智慧。他以理性指导生活，避免嫉妒、怨恨和自怜等心理缺陷。他以坚韧不拔的精神面对并度过了无数逆境。随着财富和地位的增长，他并不热衷于表面的世俗成功，而选择将财富用于有意义的事业，孜孜不倦地向愿意倾听的人们传播他的普世智慧，而且总是那么幽默风趣。在生命的最后几天里，他仍以满腔的爱与家人、朋友、合作伙伴和更广阔的世界保持着深厚的联系。

在他晚年的岁月里，查理·芒格的思想开始在全世界传播，尤其是在人口众多的中国和印度。《穷查理宝典》是查理的智慧箴言录，它的简体中文版在过去十年里已经售出了超过 120 万册。越来越多受过教育的中国人将查理视为现代士大夫精神的化身，他们在拥抱市场力量的同时，坚持过着一种正直和开明的生活。随着时间的推移，现代儒学的愿景将对中国的现代化以及中国如何与世界其他国家互动，起到至关重要的作用。

查理的教诲将继续流传，以前所未有的力量深刻地启发并影响世界。这将是他永恒的遗产。 2023 年 11 月 30 日，周四

尝试求解智慧的方法

胡永波

理想主义 寻求智慧 开源爱好者 | 2023 芒格书院价值投资征文大赛一等奖作者

从这个不科学的时代说起

这是一个科学的时代，如果你的"科学"是指科技应用在各领域所取得的成果，这一论断毋庸置疑。我们今天的生活中，充斥着各种各样的科学应用和技术产品，它们在为我们制造各种各样的烦恼，同时也给我们带来各种各样的好处。从这个角度看，这确实是一个科学的时代。

这是一个科学的时代，如果你的"科学的时代"是指科学发展和技术进步在一个时代突飞猛进到无以复加的程度，这一论断同样毋庸置疑。过去两百年来，科学发展的速度不断加快，让我们开始历经它如日中天的时刻，特别是在生命科学领域，我们正坐在通往其最引人注目的新发现的门槛上[1]，具体将是怎样的新发现，现在我也说不出来。从本质上说，这也正是科学发现如此令人兴奋的原因所在。这种兴奋来自海边玩耍的孩子从一块又一块石头下面翻找出新事物时的惊喜,一浪又一浪的惊喜已经汹涌激荡了数百年,不断积蓄着更强的势能。从这个角度看,这确实是一个科学的时代。

……但即便如此,这却又是一个不科学的时代,如果你的"时代"是指科学在艺术和文学领域、在人们的态度和认知上扮演着关键角色的日子,这一否定论断同样毋庸置疑。就文学来说,古希腊史诗是歌颂当时战争英雄的诗篇;就艺术来说,中世纪作品是表达当时宗教情感的经典;就人们对于生命或生活的态度来说,宗教观点依然是更为直接的信仰,它仍处于一个宗教的时代。从这个角度看,这确实还不是一个(足够)科学的时代。[2]

这段话是理查德·费曼 60 年前在华盛顿大学所做的一系列演讲中的第三部分。单独去看原文,似乎也就是一些平平无奇的词汇,通篇在泛泛而谈一些有关科学与社会的话题。但这种平平无奇背后的深刻思想,对于一个刚读过《别逗了,费曼先生》,且对费曼博士未毕业便已深度参与曼哈顿计划的科学历险记心驰神往的年轻人来说,就好像接收到了费曼在三位一体核试验爆炸现场所亲眼见证的巨大能量冲击,震撼于演讲文字之外费曼所看到的那个"科学"时代的人类生活新范式。

不过,大多数人并没有意识到这种新范式的实际意义。毕竟,相比于天体物理学中解释各种星体的起源、演化、运行规律及运动轨迹的科学认知,今天的人们普遍还是更倾向于去相信星相学中的宿命传说,也就是某几个遥远天体在自己出生时的相对位置,就可以决定他将成为一个怎样的人，平时可以做什么、不可以做什么……直至诸如此类的许多不合理信念都能变成各种自我实现的人生寓言，这也正是费曼演讲中花大量篇幅在讨论的"不科学"问题。

而"科学"的问题则在于，科学认知及相关思维工具所蕴含的新范式，究竟可以让一个人的毕生发展积蓄起怎样巨大的势能呢？科学认知与工程学方法应用于曼哈顿计划所取得的成果举世皆知，尽管个人生活中温水煮青蛙般的琐碎日常似乎并没有应用这种"科学"新范式的迫切性，但随着时间的推移，"科学"范式的影响力也从需求最为迫切的战争目的逐渐扩散到商业目的、体育竞技等日常生活的周边范围。这些科学项目的巨大成功开始教会人们去思考生活中可能的"科学"范式，其中一些先行者通过这些更有效果的认知和思维方法取得了令人信服的成功，这也告诉我们一种更为"科学"的新生活范式似乎是可以实现的。

曼哈顿计划之后的阿波罗登月项目，直接把人类借助于科学认知和工程学方法所能取得的成就推向了另一个前人未曾踏足过的巅峰。"我们选择在这十年内登月并实现其他目标，非因其易，乃因其难，因这目标可助我们在（当前有限的）精力和能力上最大化我们的组织与权衡之能，因这等挑战我们乐于接受，我们不愿延宕，我们意在必赢。"[3]"把一个人送上月球并能让他安全返回地球"[4]，这样的目标即便是今天的美国也不是能轻易完成的。

这就迫使美国充分动员起当时全美最顶尖的头脑造出前所未有的登月飞船，造出无与伦比的超大推力火箭，同时还要发射足够的无人月球探测器来保障登月人员的生存……庞大的国家机器围绕一个科学目

曼哈顿计划之后的阿波罗登月项目，直接把人类借助于科学认知和工程学方法所能取得的成就推向了另一个前人未曾踏足过的巅峰。

标高效运转起来的潜力是惊人的，从约翰·肯尼迪宣布支持登月，到阿姆斯特朗迈出那前无古人的一小步，仅仅用了8年时间。

相形之下，商业领域对于科学认知和工程学方法的应用就要直白多了。以保险业为例，为确保盈利，他们肯定是雇用数学家来统计和研究人的各种行为，以设计出有利可图的保险方案，而不是听从占星家们种种似是而非的占卜预测。

其更为深刻的商业成就，则是增强人类头脑的能力。诚如万尼瓦尔·布什在"二战"结束时所想，一个用以帮助人们组织和获取人类全部知识的 Memex 技术愿景，其最终目的在于很好地帮助人们在真正智慧和美好生活方向的成长，而非用于战争或杀戮的方向。这是先行者对于如今人手一台的个人计算设备和互联网世界的最初想象，也是乔布斯挖空心思都要实现的"大脑的自行车"（bicycle of the mind）的起点。为此，无数全球最顶尖的头脑和技术资源就像被一双无形的手组织和引导至一条指数型发展的道路上。以半导体技术为例，从 1971 年的 Intel 4004 到 2021 年的 Apple M1 Ultra，一块 CPU 的计算能力在 50 年间从每秒仅可执行约 90 000 次指令升级到每秒可进行 21×10^{12} 次浮点运算，仅数值层面的提升就已超过了 2 亿倍（姑且不论浮点运算比执行指令更难）。其结果是，人们可以以更高的效率和能力获取信息、释放创造力，并发展出新的经济模式，由此造就了多家市值超过 1 万亿美元的超大型企业。其中，苹果公司的市场规模更是在 2022 年 1 月初首次超过 3 万亿美元，高于经济规模全球第七的老牌强国法国的 GDP 总量。

当然，在体育竞技上增强人类身体的能力、不断突破人体运动的极限，也是科学认知和工程学方法在另一个方向的迫切应用。以位移运动 1 千米为例，效率最高、能耗最低的生物运动机制是秃鹫的飞行，而人体运动结构的能耗则就高多了，属于效率倒数第三的物种。不过，人的进化优势却是善用工具，骑上自行车的话，人体的运动效率就要远远高于秃鹫了。目前，人类骑行的最高速度是 334.6 km/h（约 93 m/s），远超秃鹫水平飞行时的 90 km/h（约 25 m/s），接近于鸟类高速俯冲时的极限。而不依赖自行车工具的话，10 秒大关曾在很长时间内被认为是人类 100 米短跑所无法逾越的障碍。它意味着人体要在生物力学上产生与之相匹配的步长和步频，这就要求运动员必须训练出可以承载这一运动强度的肌肉和身体机能。与此同时，观察和记录下来的跑步数据则被科学研究转化成正确的运动认知，使得教练们可以制定出更有效果的训练方案来帮助运动员冲向新的巅峰状态。

这里的一个范例是博尔特，由于传统的认知偏差，身高1米95的博尔特被认为不适合短跑，但博尔特有着不同寻常的内驱力和专注力。在教练格伦·米尔斯系统而有针对性的耐力训练、力量训练和起跑训练的帮助下，博尔特六破世界纪录，把人类百米短跑的极限推进到9.58秒，同时也创造出了12.4 m/s的巅峰速度（峰值阶段，2.77 m 步长 × 4.49 Hz 步频）。对于如何像博尔特一样最大化一个运动员的个体资源和运动能力在百米短跑上的组织与发挥，苏炳添在他的百米短跑论文中写过极为透彻的总结："以'冠军模型'为指导，通过高科技仪器和设备对运动员体能、技术、恢复等各个环节进行全方位监控，据此发现问题，寻找差距，制订个性化的训练方案，进而恶补短板，全面提升运动员的竞技能力。"[5] 不过，除硬性条件之外，博尔特能够长期让自身保持在运动巅峰期的另一个关键，是米尔斯教练教会他真正懂得应对受伤、个人问题和压力等突发状况。

这些显而易见的人类成就告诉我们，务实应用科学认知及相关思维工具所带来的效果是惊人的。竞争越激烈的地方，大规模应用科学认知和工程学方法所取得的竞争优势就越显著，人们的动力也就越大。

但是，在个人生活领域，由于教条式的传统观念或亦步亦趋的社会节律等普遍性"不科学"的存在，人们大规模应用科学认知与相关思维工具的迫切感就比较弱了。当然，偶尔还是有一些通过"科学"范式来探索个人发展新上限的案例存在，只是他们往往会被媒体和公众标签化为不合"常理"的例外或不合"时宜"的异类。事实上，"常理"和"时宜"之外，首先是这些"异类"所敏锐洞察到的正确认知，其中的科学力量让他们的个人生活更快地脱离了巴菲特所说的"猴子"一面，从而更多地进化出"人"的那一面。

对于一个人善用科学认知及相关思维工具所能探索到的个人发展新上限，查理·芒格在一次演讲中曾用一个非常生动的案例进行过演示，那是一个如何把200万美元启动资金发展到20 000亿美元的庞大问题，其中所涉及的逻辑和观念却不过是一些每个大二学生都应该掌握的基本概念。[6]这个案例的原型是130多年前阿萨·坎德勒用2300美元买下可口可乐的配方和商标后，往全球各国卖糖水的故事。其中的难点不在于这些基本概念，而在于如何习以为常地在实际生活中运用它们，如何在多种因素综合作用的复杂条件下还能让它们相互强化，并协同放大彼此的效果产生出一种非常出色的极致成果。

在芒格看来，这样的案例应当成为有智慧的人的基本操作。多年来，他一直致力于这样的普世智慧（worldly wisdom）的应用和分享。所谓普世智慧，不是孤立的知识或概念，而是将源自多个不同学科的基本概念和思维模型有效组织起来，用正确的认知开展工作并融会贯通于日常生活，由此直接或间接获取个人经验，与作为枝干的思维模型框架结合，最终长成一株个人发展的大树，结出普世智慧的果实——即"通过将专注、好奇心、毅力和自我批评有机结合并应用于一个多学科知识聚合体而形成的一种临界状态"[7]。这是"科学"范式的力量,它意味着我们要"善用"科学认知,意味着我们要对个人生活、周围世界保持足够敏锐的洞察力,意味着我们通过卓有成效的思考和行动可以带来积极的、长远的个人发展价值。这也是智慧本身的逻辑。

当然,芒格所说的多学科的"基本概念",并不是"苛求每个人对天体力学的掌握达到与拉普拉斯并驾齐驱的地步"[8],而是更多依赖"每一门基础学科的一年级课程中会学到的那些简单易学的道理",充分利用人类知识与当代科学进展已经建立起来的正确认知。但另一方面,也要使用科学假说和"第一性原理"(first principle)来构建新的正确认知,亦即"把事物拆解到其最根本的本质层面,并据此从头展开推理以获知事情的真相"。这不光是学术领域获取新发现的重要方法论,还是我们增加新的智慧、为世界探索新的可能性的重要工具。

在第一性原理的具体实践上,埃隆·马斯克绝对称得上是个中翘楚。以他最成功的电动汽车项目为例,马斯克原本一直专注于超级电容技术的突破来实现全电动汽车,直到斯特劳贝尔等人告诉他直接用笔记本电脑的18650锂离子电池就足以做出性能很好的全电动汽车。[9] 这个新的认知催生出一场变革整个汽车产业和化石能源产业的伟大冒险。马斯克甚至在2006年8月直接公布了一个堪称商业阳谋的电动汽车发展蓝图,可惜一开始没有这个认知的人根本不相信特斯拉能做出来——

1. 先打造一款高档跑车;
2. 再用它所赚的钱来打造一款中等价位汽车;

3. 然后用它所赚的钱来打造一款低价位汽车；
4. 在做好这些事情的同时，再提供出一种零排放的发电供能模式（如太阳能）。

有人把这个蓝图绘制成如下的图表形式：

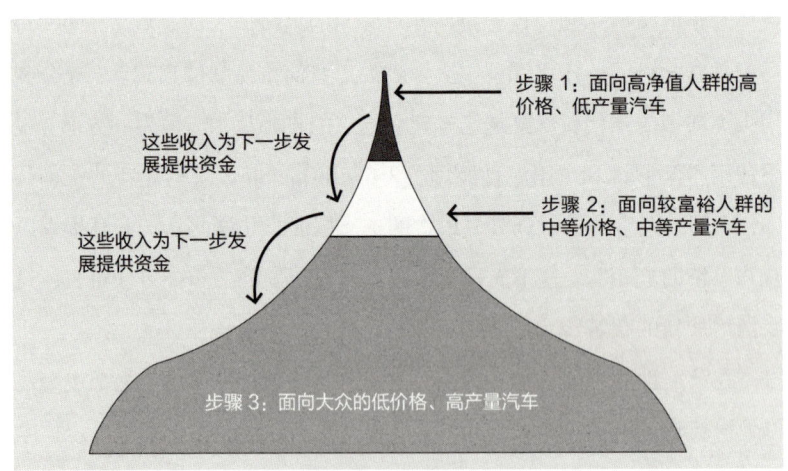

特斯拉的商业计划[10]

特斯拉后续的发展过程有目共睹，基于莲花汽车Elise底座和特斯拉电池及动力系统的第一代高档电动跑车Roadster先声夺人，打开了全电动汽车市场的大门，进而让特斯拉完成上市。第一阶段募到的资金，又帮助特斯拉成功量产完全自主设计的中档电动汽车Model S和Model X，同时打造数以万计的充电站/充电桩来服务用户，方便用户像加油一样为电动汽车充电，从而成功占领住市场。由此，获得更多的资金来量产更低价位的 Model 3 和 Model Y，随着这些低端车型的大规模量产和上市销售，特斯拉的市值也在 2021 年 11 月初达到了 1.23 万亿美元的高点（就连马斯克本人都觉得被股市过高追捧了），而马斯克个人资产的规模在当时更是惊人地超过了 3200 亿美元。

正如马斯克 2013 年在 TED 演讲中所言，他人生大餐的秘密佐料就是第一性原理。[11] 人类原本就是通过这一逻辑来构建科学假说并组织实验验证，进而一步一步正确了解到我们周围的物质世界是怎样运转的，并由此划分出物理学、化学等自然学科。在物竞天择的自然竞争中巧妙运用这样的科学认知，为我们这个物种建立了巨大的竞争优势并最终在整个地球上胜出。"二战"后，科学新发现和技术创新的爆发，随着新一代工业革命逐渐渗透到人们衣、食、住、行的方方面面。特别是人类社会运行和组织资源的方式也因更高的效率，而不断围绕新的认知进行重组。能够了解和善用这些正确认知的人，无疑可以在日益激烈的社会竞争中建立巨大的优势。

本文的初衷是尝试探索理查德·费曼所提到的那个"科学"时代的个人发展，无论是查理·芒格不厌其烦地谆谆教导，还是让埃隆·马斯克把事情做对的那个秘密佐料，他们所共通的地方就是了解并善用科学认知，或者说是善用人类科学发展数百年所沉淀下来的智慧结晶。接下来的行文，是通过探究智慧本身的逻辑以及它在个人生活中发挥作用时的机制，来尝试去勾勒"科学"时代一个有智慧的人的发展图景。

那么，我们首先基于第一性原理来解读一下智慧这个概念本身。

特斯拉成功量产完全自主设计的中档电动汽车 Model S 和 Model X，同时打造数以万计的充电站／充电桩来服务用户，方便用户像加油一样为电动汽车充电，从而成功占领住市场。制图＿艾藤

智慧的第一性原理

君子生非异也,善假于物也。

——荀子《劝学》

智慧这一概念古已有之,无论是其通俗意义上的说法还是相对艰深的哲学思考,在各个文明流传下来的不同文字中,记述着其各式各样的应用形态,比如儒家经典中围绕修身与治国的积极入世学问,业已深刻影响着东亚社会的兴衰交替;而古罗马西塞罗关于善恶、义务、德性、友谊和老年等话题的精彩论述,则基本铺陈出西方世界延续至今的共和主义及其个体化思考。

不过,直到 20 世纪 80 年代积极心理学研究的深入,关于智慧在科学认知下的学术模型探讨才逐渐被心理学家们重视起来。其中,影响力较大的一个模型是柏林智慧项目(Berlin Wisdom Project)所提出的智慧理论,它把智慧的概念定义为人们在经营生活/人生并赋予其特别意涵方面所表现出来的一类专长,可简单理解为有关生活/人生基本实用性的描述,具体包括那些关于人身处境的本质性知识,以及那些有关规划、管理和理解好生活/人生的方法及其内在意涵,其最终目的是让人们能够获得更为优化的生活/人生过程,同时也发展成为一个更好的人。这是一个要照顾到很多细节的模型,它所求解的是人的实际行为的最优化问题,目的是让一个人在心智和美德上尽可能实现他想要达到的卓越程度。

回归到第一性原理来简化问题,智慧最根本的逻辑其实就是一个人对于知识工具的善用,它需要满足两个必要条件:一是对于正确认知的获取;二是善用这些科学认知后为生活/人生带来长远的积极效果。

智慧的难点不在于第一性原理下的这条逻辑,而在于正确认知所需要的知识的复杂性,以及这些知识所要面对的日常应用环境的复杂性。

先不考虑专业领域的智慧实践,仅仅与生活相关的个人智慧就涉及诸多方面的知识:

1. **事实性知识**:涉及人的本性与终身发展、人际关系、社会规范、人生发展及其结局的个体差异等生命过程主题的知识;
2. **程序性知识**:主要是关于处理生活问题的各种方法的知识;
3. **理解人生发展脉络**:认知并理解多种不同主题和语境下生活事物(如教育、家庭、工作、朋友等)及其相互关系,特别是它们在完整生命周期下的变迁过程;
4. **理解价值观的相对性以及相应的宽容态度**:承认不同的个体、社会和文化在价值观及生活优先事项方面的差异;
5. **认知和管理不确定性**:了解人类信息处理的局限性以及人生无常的随机性,掌握应对这些不确定性的方法。

这些知识的源头是多个研究人及其行为的不同学科,甚至包括不少交叉学科研究上的新近学术成果。通过教育和大量的日常阅读,我们就可以获取这些认知。但真正理解它们,并在日常生活中习以为常地应用这些知识，这就需要把它们工具化为一些思维模型，来组织生活中的真实经验以及与之所对应的原始知识，也就是查理·芒格常说的可以整合不同学科的多元思维模型。比如，数学和统计学中的复利原理、正态分布；物理学中的能量守恒、临界质量；化学中的催化反应、自催化反应；工程学中的质量控制理论、后备系统；生物学/生理学中的差异化生存、条件反射；微观经济学中的比较优势、规模效应；心理学中的同理心、双轨分析，以及芒格本人非常重视的误判心理学模型，等等。

而日常应用这些思维模型的复杂性还在于，实际生活场景不是紧随某一知识点的单一因素练习题，你往往必须联系并协调多个不同体系的知识，才能求解到某一项行为的最优解。而且，这不应被视为一个一蹴而就的答案，而更应被视为一个不断优化的过程，把解决问题所需的事实性知识、程序性知识、价值因素、不确定性因素、次生影响因素、自我与他人因素等逐渐融会成为一个最优化的卓越行为。

把视角拉回到整个生命周期的进程，一个又一个卓越行为在毕生时间跨度上的不断累积，其相互强化并协同放大所产生的合奏（Lollapalooza）效应[12]，早已被查理·芒格用来解释沃伦·巴菲特的智慧及其人生的成功。用他的话讲，就是通过将专注、好奇心、毅力和自我批评有机结合并应用于一个多学科知识聚合体而形成的一种临界状态。

但一个人即便穷尽其一生也不可能靠切身经历累积起所有的智慧，对此，查理·芒格还提到过一个类似于"飞行模拟器"的概念来维护知识系统，"我相信沃伦和我从优秀的商业类杂志中学到的比其他任何地方学到的都要多，只要很快地翻阅一期又一期的杂志，就可以学到各种各样的商业经验，这种方法是如此简单而有效"[13]。这里的基本逻辑，其实是善用法学院（查理·芒格主修专业）所广泛采用的"判例研究"方法或商学院（沃伦·巴菲特主修专业）所广泛采用的"案例研究"方法，两者本质上类似。毕竟，抽象知识的实际应用不是靠讲解理想实验或标准答案就能说清楚的，"因为智慧无法言说"（Because Wisdom Can't be Told），我们需要把自己放进具体的事实和原始材料中，针对具体情况进行具体分析和决策，由此才能真正获得实际而有用的结论和实践经验。

简单来说，这种案例研究的方法为我们提供了一个可以大量获取他人经验或智慧的便捷途径，让我们可以快速把许多经验（包括对应的原始知识）悬挂到前面所说的那个知识模型框架上，并与我们实际生活中的切身经历相互进行印证和优化。这两部分很好地结合起来，就是芒格所说的普世智慧这个概念。

但是，当我们实际去应用这些思维模型及经验的时候，存在一个约束普世智慧能否起到作用的关键前提，这就是能力圈（circle of competence）——"你们必须弄清楚自己的优势在哪里，必须在自己的能力圈之内竞争"。沃伦·巴菲特最早提及这个概念是在他1996年写给伯克希尔·哈撒韦股东的信中：

投资者需要的能力是正确评估他所选中的生意。注意"选中"这个词：你不必是每一家公司的（生意）专家，甚至无须成为很多家公司的（生意）专家。你只需要有能力评估那些你能力圈之内的公司。这个圈子的范围大小并不重要,至关重要的是要深刻了解它的边界。

What an investor needs is the ability to correctly evaluate selected businesses. Note that word 'selected': You don't have to be an expert on every company, or even many. You only have to be able to evaluate companies within your circle of competence. The size of that circle is not very important; knowing its boundaries, however, is vital.

对于能力圈的进一步解读,大家一般也都是沿着经济学认知、商业技能以及相关的智慧实践这一脉络来展开的,但完全理解它所处的语境往往又涉及一系列复杂的金融和投资知识。若用一种对年轻人更友好的解读,可以从几乎人人都玩的电子游戏入手,以 ARPG 游戏《暗黑破坏神3》的核心玩法大秘境为例。在练级过程中熟悉了该游戏的基本操作、剧情关卡、技能/装备(道具)及数值设定之后,通过技能和装备(道具)的相互强化来最大化游戏角色的能力成为了游戏玩法构建的核心。大秘境则为这种相互强化提供装备或道具(难度越高的大秘境所掉落的装备或道具就越好越多)。

比如第27赛季武僧人气最高的散件敲钟玩法,这套玩法构建后,武僧角色有能力轻松通关150层难度的大秘境限时关卡。构建不出这个终极玩法时,可以先构建更容易获取的职业套装玩法,如尹娜的真言套装,这时候可能100层都是稍微有些难度的关卡。而在游戏初期连套装都凑不齐的时候,可能通关40层难度的大秘境限时关卡还会是一个很大的挑战。由于在数值设计的底层机制中,游戏角色的能力与其数值属性之间呈正相关关系。一个游戏角色的大秘境难度通关上限大体上就代表了它在游戏中的能力，而一个玩家所精通的游戏角色及相应大秘境通关上限就可以被圈定为他在这个游戏上的能力圈。比如，两个角色：武僧（120），野蛮人（90）。这个范围直接表达为数值形式，具体界限一目了然。

在游戏中，一般来说，一个玩家只需掌握一套玩法基本就可以大杀四方了。当然，若他肯花更多的时间、精力来进一步钻研这个能力圈，自然也可以收获到更多的乐趣。获得这样的乐趣之前，新手玩家往往需要先跨过构建这个能力圈的门槛，也就是熟悉游戏基本操作、了解技能/装备与数值设定，并掌握某一角色的玩法构建逻辑，同时投入适当的时间和精力把它们练到炉火纯青的程度（你可以轻松找到大量的资料和攻略来完成这一步）。但是，跟生活中一样，过于功利的追求也会让很多新手玩家没有耐心苦练基本功或深究玩法构建，因而不少人的问题都是在构建好能力圈之前，便迫不及待地加入战斗或竞争，以各种不够智慧的方式在游戏或生活中追求自己能力范围之外的东西，这显然不太明智。

而更为明智的做法，自然是优先构筑好自己的能力圈，在能力圈之内进行智慧实践。可能仅这一点，对于很多普通人来说就已经是一个不低的门槛了，就像游戏的新手玩家们都要面对的第一道能力圈门槛一样。所不同的是，游戏中的能力圈边界基本都是确定的，且有大量的攻略和案例可供学习；而生活中的能力圈边界，往往因为太难理解而处于模糊地带，很容易出现那些我们自以为在能力圈范围内、但事实上却并不是真正精通的事情。所以，如何在生活中卓有成效地构建和发展自己的能力圈，就显得格外重要了。对此，沃伦·巴菲特这样说过：

我一次只会专注于一个行业，然后逐渐积累知识直到能成为精通六个不同行业的专家。我不会简单接受有关任何一个行业的传统看法，而是要深入研究分析并努力得出自己的独立见解。如果去研究一家保险公司或造纸公司，我会假设这样一个情境来让自己设身处地去思考。假设我刚刚继承了这家公司，而且这家公司又是我们整个家庭所拥有的唯一财产。在这样的情况下，我应该对这家公司做些什么？我要考虑哪些因素？我得担心哪些因素？谁是我的竞争对手？谁是我的客户？我会走出办公室，直接去跟客户们交谈。我要弄清楚，与同行业其他企业相比，我们这家公司的优势是什么，劣势又是什么？如果你能做好这样的研究分析功课，那你就有可能要比它的管理层更加了解这家公司。

I would take one industry at a time and develop some expertise in half a dozen. I would not take the conventional wisdom now about any industries as meaning a damn thing. I would try to think it through. If I were looking at an insurance company or a paper company, I would put myself in the frame of mind that I had just inherited that company and it was the only asset my family was ever going to own. What would I do with it? What am I thinking about? What am I worried about? Who are my competitors? Who are my customers? Go out and talk to them. Find out the strengths and weaknesses of this particular company versus other ones. If you've done that, you may understand the business better than the management. [14]

另外，除了用来解读能力圈的概念，如今的电子游戏也是练习案例研究的极好素材。毕竟，商学院获取商业案例的原始材料和具体事实是需要很长的时间并付出各种成本的，而玩游戏就大不一样了。现在的电子游戏制作者和玩家社区有足够的动力来为新手们提供各种资料和工具,以便于他们玩好游戏、玩更多游戏。玩家们还可以拿到完整的数据来对游戏关卡的具体情况进行分析和模拟,完全记录并回放自己的游戏过程来做复盘和优化……这个过程中的素材和数据的详尽程度,可能是很多商学院用以教学的真实商业案例都比不了的。另一种可以提供如此详尽的研究素材的案例,则是完全透明化运作的开源软件项目。

将普世智慧与游戏相提并论,我们看到的更多的是查理·芒格本人用传统的桥牌游戏或体育项目来类比解释投资或普世智慧。

到这里,我们可以稍微总结一下前面对于智慧第一性原理的探讨:智慧的本质是获取正确认知并善用它们,进行广泛而深刻的"案例研究"是累积智慧的基本途径。智慧发挥作用的有效边界是我们自己的能力圈。智慧的目的是让我们在优化人生过程的同时,也能向着一个更好的"人"不断累进,最终把许多无形的价值概念转化为有形的、长期的人生成果。接下来,让我们仔细来看看智慧与价值是如何进一步相互作用的。

智慧与价值

人固有一死,或重于泰山,或轻于鸿毛,用之所趋异也。

——司马迁《报任安书》

自从出生日来到世上,一个人便注定会在某一天因不可避免的死亡而彻底离开这个世界。生死固然是大事,但更重要的事情是一个人用这一生所换来的东西——也就是他在一生中对各种情感、价值、动机的强化或减弱，最终他将成为怎样的一个人。智慧在其中的作用，是激励他去选择成为一个"好"的人，亦即，将许许多多的无形因素转化为"好"的人生成果。

在所有这些无形因素中，价值观念的认知和塑造无疑有着举足轻重的地位。因为它就是一个人判断与衡量这个"好"的标尺。对于这一标尺的认定和解读，经济学、哲学、心理学、社会学等诸多学科存在着各自不同面向的说法及其理论依据。在经济学上，价值是用来衡量商品或服务向经济主体所提供的益处（或有用性）的指标，可以说是有形的价值。

在伦理学或社会科学中，价值则用来衡量某种事物或行为的重要程度，这是无形的价值，其目的是确定出哪些行为是最好的或者什么样的生活方式是最好的，或是用以描述不同行为的内在意义。其中，无形价值普遍被认可的一个具体定义，来自社会心理学家米尔顿·罗克奇写于1973年的一本专著[15]：

价值是一种持久性的信念，也就是对个人或社会来说，是相信人的某一种行为模式或其存在的最终状态，相比与之对立或相反的行为模式或其存在的最终状态要更为可取。

A value is an enduring belief that a specific mode of conduct or end-state of existence is personally or socially preferable to an opposite or converse mode of conduct or end-state of existence.

由此，米尔顿·罗克奇把价值分成了两大类，一类是与行为模式相关的工具性价值（Instrumental Values），包括：

- 有抱负（工作勤奋、有志向，ambitious）
- 无偏见（心胸开阔，broadminded）
- 能干（有能力、有效果，capable）
- 开朗（轻松、愉快，cheerful）
- 整洁（齐整、干净，clean）
- 勇敢（坚持自己的信念，courageous）
- 宽容（愿意原谅他人，forgiving）
- 乐于助人（肯为他人谋福利，helpful）
- 诚实（真诚、真实，honest）
- 有想象力（大胆尝试、有创造力，imaginative）
- 独立（自力更生、自给自足，independent）
- 有才智（聪明、会思考，intellectual）
- 符合逻辑（前后一致、理性，logical）
- 钟情（深情、温柔，loving）
- 服从师长（尽职、恭顺，obedient）
- 有礼貌（举止大方、行为端正，polite）
- 有责任心（可靠、值得信赖，responsible）
- 有自制力（克制、自律，self-controlled）

另一类则是与人生最终状态相关的终极价值（Terminal Values），包括：

- 世界和平（免于战争或冲突，a world at peace）
- 家人平安（照顾好亲人，family security）
- 享有自由（独立、自主决策，freedom）
- 平等相待（四海之内皆兄弟、人人机会平等，equality）
- 自尊自爱（自我尊重，self-respect）
- 有幸福感（生活满意，happiness）
- 有智慧（对生活和人生理解成熟，wisdom）
- 国家安全（免于被人攻击，national security）
- 救人救世（拯救苍生、永垂不朽，salvation）
- 真正的友谊（密友、铁哥们，true friendship）
- 成就感（贡献持久，a sense of accomplishment）
- 内心和谐（免于内心冲突，inner harmony）
- 生活舒适（安乐、富足，a comfortable life）
- 成熟的爱（肉体和精神上双重亲密，mature love）
- 懂世界之美（自然之美与艺术之美，a world of beauty）
- 生活愉悦（生活愉快、悠闲，pleasure）
- 社会认可（受人尊重和赞美，social recognition）
- 人生精彩（积极、有活力地生活，an exciting life）

简单来说，工具性价值指的是可以带来某种理想的人生成果的特定信念，而终极价值则指的是这些理想的人生成果本身。当然，不同文化或亚文化的人群会侧重于不同维度的终极价值。更加深入人心的还是不同文化基于不同价值所描绘出的不同的人的理想形象，比如儒家传统文化中基于"仁、义、礼、智、信"的圣人形象；西方现代文化中以"自由、平等、博爱"和"人权宣言"为基础的个人主义形象。两者背后均有各自延续上千年的哲学思考和社会实践。

圣人是儒家价值对于人的形象的最高描述，"才德全尽谓之圣人"。儒家价值的核心，最初是孔子在《中庸》中提到的"仁、义、礼"，他强调一个人不能不注意修持身性。孟子在《告子上》中把这些价值增为"仁、义、礼、智"，他认为一个人本来就要懂这些道理，去追求就能得到，不去追求自然就得不到。董仲舒在教汉武大帝如何做帝王时，又增加"信"的价值，终成"仁、义、礼、智、信"，只要帝王培养整饬好这些道理，就可以治理好天下，泽被苍生。

对于普通人，获得怎样的人生成果才算圣人？儒家文化中有一个极高的标准——"三不朽"，即"立德、立功、立言"。唐人孔颖达对此阐释为："立德，谓创制垂法，博施济众；立功，谓拯厄除难，功济于时；立言，谓言得其要，理足可传。"简单来说，就是要在做人、做事、做学问这三个方面取得公认的极大成果，能够推动世界往前走。

儒家历史两千多年，公认的唯一一个做到"三不朽"且在活着的时候就被称作圣人的人，就只有明朝中期的王阳明了。立德一项，他"致良知"且"知行合一"，为当时及后世之表率；立功一项，他随机而动安江西民变、狡诈专兵平宁王之乱,是明朝276年中仅有的三个以军功封爵的文人之一;立言一项,他集大成于心学,分庭抗礼程朱理学,深刻影响了后来的明朝政治以及东亚的整个儒家文化圈。在王阳明看来,"天地虽大,但有一念向善,心存良知,虽凡夫俗子,皆可为圣贤!"

与此相对,个人主义形象是西方文化对于人的概念的基本叙事。它的出发点是一个人对其自身的责任,也就是荷马式英雄念兹在兹的"卓越"(Arete)灵魂。[16]古希腊人有关知识和美德的对话,被西塞罗重新阐述为人文主义(Humanitas)最初的样子,包括作为个人的理性和智慧、作为公民的权利和义务,以及道德层面的仁爱和正义,等等。文艺复兴为了摆脱宗教和教廷对人的束缚,人们又重新到西塞罗的认知中寻找灵感,并通过科学革命和地理大发现构建出更为合理的认知体系及方法论。后来的启蒙运动则是尝试用这样的科学和理性来构建个人生活及社会运转的通则,理性、自由、平等、进步、宽容、博爱等与个人主义息息相关的价值观念也是从这里开始深入人心的,其最核心的追求就是人人都能平等地获得个人生活的幸福。

用理性和科学来实践个人生活的一个典范,是梭罗在瓦尔登湖畔那段影响深远的简朴生活。[17]正是对生活的理性追求,让他放得下城市的喧嚣和舒适,独自到乡野荒地上搭建木屋、垦荒耕种,用"闲暇、独立和健康"去探究生活最真朴的样子;正是对于生活知识的科学追求,让他同时拿得起锄头和笔墨,巨细无遗地观察和记录田间地头、山林湖泊,并结合当时科学、农学、地质等领域的最新知识来为我们解读乡野生命的真相。

在书中，梭罗引经据典想要回归的是内心世界的真朴，由此才能深刻地生活，洞察邻人与周围世界，每天醒来都能得到"一种比我们入睡之前更高的生活"。诚如他的导师爱默生一直所讲的美国学者形象："如果独立的个人不受任何控制地完全将自己的本能作为自我的根基，整个庞大的世界就会环绕到他周围来……你的任务是对原则进行研究和交流，使这些本能流传开来，从而改变整个世界。"[18]

随着科学的进步与社会认知的不断发展，有关人的价值与形象描述越来越集中于维系人类社会向前发展的两大方面：为探寻人的认知和能力的新边疆而"勇踏前人未至之境"，以及成为维系社会良性发展的"良心标杆"[19]。

经典科幻剧《星际迷航》的开场白"勇踏前人未至之境"，意在从当时冷战高峰期"确保相互毁灭"的核军备竞赛思维转向和平探索外太空的新边疆，为不同文明或种族的相处探索新的机会与可能性。其实，没有新边疆、新经济、新技术或新认知的向外开拓，不只是不同文明之间，就算是在一个文明内部，内耗型的发展也是没有任何出路的。古代中国两千多年的王朝更迭早就证明了这一点，在一个一群人压榨另一群人的社会，不出十代人的时间，被压榨的这个群体就会因为生存资源被系统性剥夺而陷入活不下去的绝境，进而不得不问出那句发自灵魂的拷问："等死，死国可乎？"于是，被压迫者就喊出了那句响彻千年的反叛口号——"王侯将相宁有种乎！"

这就是为什么人类社会发展的逻辑一定是要向外的，通过"新边疆"的认知、技术和资源发展出更多的可能性与更大的生存空间。最能

体现这一发展逻辑的价值,是形成于 MIT 人工智能实验室并推动了后来整个个人电脑和互联网革命的黑客伦理:

- 对计算机的访问(以及任何可能帮助你认识我们这个世界的事物)应该是不受限制的、完全的,任何人都有动手尝试的权利!
- 所有的信息都应该可以自由获取。
- 不迷信权威——促进分权。
- 评判黑客的标准应该是他们的技术,而不是那些没有实际用途的指标,比如学位、年龄、种族或职位。
- 你可以在计算机上创造出艺术与美。
- 计算机可以让你的生活更美好。[20]

这些早期黑客的故事在 1984 年被整理成书后广泛传播。有一个十四五岁的少年躺在床上读过全书,仿佛从天花板上就能直接看到那个自由而又绚烂的神奇世界,而他脑海里唯一的信念就是要切身经历其中,因为"这才是我应该属于的世界"!这个少年就是后来的著名游戏程序员约翰·卡马克。

十年后,他做出了世界上第一个 3D 射击游戏的引擎和第一款具有里程碑意义的 FPS 游戏《毁灭战士》,帮助 PC 游戏从爱好者们的玩具发展成为价值数十亿美元的产业。二十年后,当他在论坛上看到一个不满 20 岁的年轻人用不到 500 美元的成本,就能鼓捣出一台像模像样的虚拟现实设备时,卡马克果断加入,无偿帮助这个年轻人优化和宣传里面

有一个十四五岁的少年躺在床上读过全书,仿佛从天花板上就能直接看到那个自由而又绚烂的神奇世界,这个少年就是后来的著名游戏程序员约翰·卡马克。

的技术。后来,他甚至还将随后十年的职业生涯投入于此,以求加快虚拟现实技术的完善和落地。由于卡马克在图形技术方面的杰出贡献,英国电影和电视艺术学院在 2016 年向他奉上了该机构的最高荣誉——终身成就奖,这也让他成为第二个获此殊荣的游戏工作者。

维系人类社会的良性发展,可以说是价值投资策略的必然要求。价值投资的关键是目标企业的长期发展能力,或者说是可持续的竞争优势,也就是要求目标企业及其所处环境的发展要具备可持续性。

大环境方面，"既能满足当代的需要，而同时又不损及后代满足其需要的"可持续发展早已成为一个庞大的全球性议题。不过，即便是由联合国大会一致通过的 17 项全球 2030 年可持续发展目标，在如今愈演愈烈的大国博弈及地缘政治冲突影响下，其进展速度及所能取得的成果无疑都被蒙上了一层厚厚的阴影。更何况，在大规模杀伤性武器"确保相互毁灭"这一全球安全的现实约束之下，不少民粹主义领导者反而开始在极端行为或决策的边缘疯狂试探，这不仅极不明智，而且丧心病狂。

基业长青的公司往往都是融入于良性发展的社会结构之中的，这样的组织机构本身高瞻远瞩，能够持续不断地提供社会运转所不可或缺的产品和服务。[21] 然而，资本市场的逐利本质，迫使公司进行"短视"决策继而灰飞烟灭，这样的案例早已上演过无数次。这也更加突显出巴菲特和芒格"买入并长期持有"的价值投资策略是何等难能可贵。人类社会的长期发展，固然要求我们要不断从各个层面拓展新边疆，更要求我们能够像巴菲特和芒格一样参与维系社会、经济基本面的良性运转。

回到个人的长期发展，智慧所带来的最优化成果，其价值最终还是要落在维系人类社会良性发展的这个维度上来。而这样的生命过程之于一个人的意义，是他在应对其中的各种挑战时所选择的态度及行为方式所赋予的。不同的问题需要不同的应对之道："有时候你会发现所处的情况需要你采取行动来确定自己的命运，有时候你会觉得深思熟虑更为可取，有时候你会发现顺其自然是正道……你独特的机会就依存于自己承受重负的方式之中。"[22]

写在后面

科学革命和学术研究的各项进展，一直在不断拓展人类认知的新边疆，由此形成的庞大知识库，是我们正确了解周围世界并有效获取智慧的根本源头。这也是为什么查理·芒格一直谆谆告诫我们要重视这些有条理的深层理论，他还一直教导我们如何行之有效地采用跨学科的方式来把这些现成的知识组织起来，特别是如何将数学、物理学、化学、工程学、经济学和心理学的基本概念组织成一个基本的认知框架。然后通过有效的阅读和案例研究，把来自我们自身或他人的实际经验与这个基本认知框架整合起来，转换成实实在在的个人智慧及能力，这是一个全身心投入生活和沟通现实的过程。

在这过程中，不同的人会将其知识和经验工具化为不同的方法或模型，以便于更好地实践和应用它们，比如查理·芒格的投资原则检查清单[23]与人类误判心理学[24]，瑞·达里欧的生活原则与工作原则[25]，等等。

这一过程便是我们学习与成长的核心。但智慧的目的不只是学习和成长，它还要求我们能够把自身的全部能力和资源有效组织起来，在长达数十年的生命过程中，将许多重要的无形价值转化为有形的人生成果。

目前，学术界对于智慧本身的理论和方法的研究进展，还远未达到人人可用、可以整合到基础教育过程中的地步。对于一个人如何基于智慧来组织和发展他个人的各种能力及相关资源，目前并没有一个公认的路径或发展蓝图，但查理·芒格的言传身教确实可以让每一个有志于此的心灵获得不小的震撼与启发。只是，对普通人更友好的一条智慧之路，

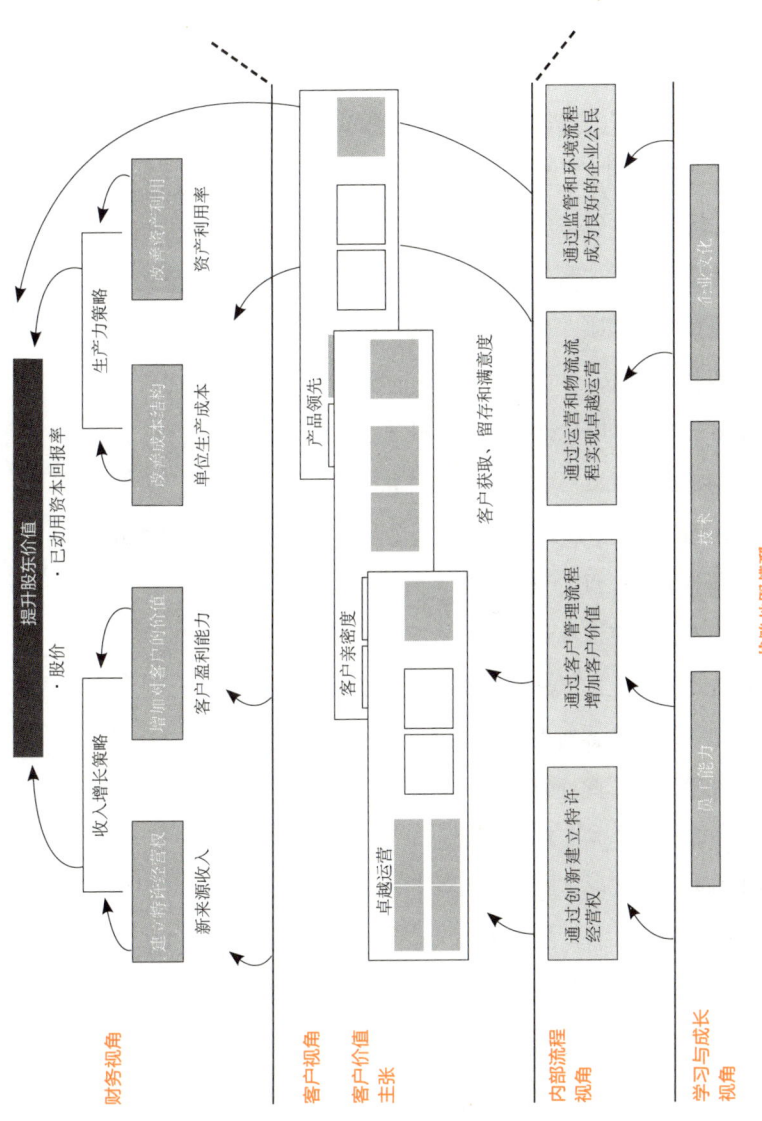

战略地图模型

财务视角

提升股东价值
- 股价
- 已动用资本回报率

收入增长策略 | 生产力策略

- 建立特许经营权 — 新来源收入
- 增加现有客户的价值 — 客户盈利能力
- 改善成本结构 — 单位生产成本
- 改善资产利用 — 资产利用率

客户视角

客户价值主张：
- 卓越运营
- 客户亲密度
- 产品领先

客户获取、留存和满意度

内部流程视角

- 通过创新建立特许经营权
- 通过客户管理流程增加客户价值
- 通过运营和物流过程实现卓越运营
- 通过监管和环境流程成为良好的企业公民

学习与成长视角

- 员工能力
- 技术
- 企业文化

可能还是需要一幅面向毕生发展的全景式个人建设蓝图。

对此,一个可能的选项是通过解答企业发展的战略地图模型 26 来逆向思考那些真正拥有智慧的人是如何组织和发展他们自己的全部能力和成果的,见上页图。

比如,个人的学习与成长层面,除了前面这个基于智慧的核心过程,还可能包括一些技术工具、自我组织与激励的方法。个人发展的内部层面,可能包括个人健康、时间及精力的管理,输入与输出的工作流程安排及优化,以及争取有利于自身发展的各项社会支持因素;对外层面(对应于客户),可能包括技术或作品建设、职业关系建设、个人形象建设等方面;价值发展层面(对应于财务成果),是个人成长及效率提升的基本逻辑,可能涉及无形的个人能力与有形的个人财富这两方面的增长,会稍微复杂一点。

不过,我们也应该看到,个人的长期发展与企业的长期发展,归根结底是两个不同维度的概念,两者之间可能存在一些互有借鉴之处,但要完全做出一幅符合普通人长期发展需要的全景式蓝图,还是要经过特别细致的完整研究,此处暂不作进一步讨论。

最后,我们讨论一个特别有趣的问题,来作为本文的结尾——我们该如何来判断一个人是不是一个有智慧的人呢?

如果① S 是一个自由的个体,② S 知道如何好好生活,③ S 生活得很好,④ S 生活得很好,是由于 S 知道如何好好生活;那么,S 就是一个有智慧的人。一篇发表于 1996 年的论文是以这样的逻辑定义该问题的。27 借此,与诸位共同寻求智慧和价值投资成果的芒格粉丝们共勉。

注释

1. 这一门槛应指 DNA 双螺旋结构的发现,它改写了生命科学的基础,并获得 1962 年诺贝尔生理或医学奖,理查德·费曼此处演讲于 1963 年。

2. [美]理查德·费曼:《费曼演讲录:一个平民科学家的思想》,湖南科学技术出版社,2019。

3. 约翰·肯尼迪总统 1962 年 12 月在莱斯大学关于国家太空事业的演讲(Address at Rice University on the Nation's Space Effort),详见 https://www.jfklibrary.org/learn/about-jfk/historic-speeches/address-at-rice-university-on-the-nations-space-effort。

4. 哥伦比亚广播公司的电影片段中,1961 年 5 月 25 日肯尼迪总统在国会联席会议上的演讲(Address to a Joint Session of Congress),详见 https://www.jfklibrary.org/learn/about-jfk/historic-speeches/address-to-joint-session-of-congress-may-25-1961。

5. 苏炳添,邓民威等:《新时代中国男子 100m 短跑:回顾与展望》,载于《体育科学》,2019 年第 39 卷第 2 版。

6. [美]彼得·考夫曼编:《穷查理宝典:查理·芒格智慧箴言录》,中信出版集团,2016,第 301—312 页。

7. 参考自惠特尼·蒂尔森在 2007 年西科金融股东会上的笔记(Whitney Tilson's 2007 Wesco Annual Meeting Notes),详见 https://www.tilsonfunds.com/Whitney%20Tilson%27s%20notes%20from%20the%202007%20Wesco%20annual%20meeting-5-9-07.pdf。

8. [美]珍妮特·洛尔:《查理·芒格传》,中国人民大学出版社,2009,第 254 页。

9. [美]阿什利·万斯:《硅谷钢铁侠:埃隆·马斯克的冒险人生》,中信出版集团,2016,第 133 页。

10. 关于埃隆·马斯克公司的四部分系列文章的第二部分:特斯拉将如何改变世界(How Tesla Will Change The World, 2015)。详见 https://waitbutwhy.com/2015/06/how-Tesla-will-change-your-life.html。

11. 2013 年 2 月埃隆·马斯克的演讲:特斯拉、SpaceX、太阳城背后的思维方式 ——"第一性原理"(The mind behind Tesla, SpaceX, Solar City 'First Principle')。详见 https://www.ted.com/talks/elon_musk_the_mind_behind_Tesla_spacex_solar_city/transcript。

12. [美]彼得·考夫曼编:《穷查理宝典:查理·芒格智慧箴言录》,中信出版集团,2016,第 80 页。

13. [美]珍妮特·洛尔:《查理·芒格传》,中国人民大学出版社,2009,第 229 页。

14. Janet Lowe, et al., 2007, *Warren Buffett Speaks: Wit and Wisdom from the World's Greatest Investor*, vol. I, Hoboken: John Wiley & Sons, p.157-160.

15. 这本书叫《价值观的力量》,讲述了米尔顿·罗克奇(Milton Rokeach)在 1973 年编制的一套价值观调查表。现在这个表已经是国际上广泛使用的价值观问卷。

16. [英]基托:《希腊人》,上海人民出版社,1998,第 69 页。

17. [美]亨利·戴维·梭罗:《瓦尔登湖》,人民文学出版社,2017。

18. 《美国学者》(*The American Scholar*, Ralph Waldo Emerson, 1837),详见 https://archive.vcu.edu/english/engweb/transcendentalism/authors/emerson/essays/amscholar.html。

19. [美]珍妮特·洛尔:《查理·芒格传》,中国人民大学出版社,2009,第 225 页。

20. [美]史蒂文·利维:《黑客:计算机革命的英雄》,机械工业出版社,2011,第 27—34 页。

21. [美]吉姆·柯林斯,杰里·波勒斯:《基业长青:企业永续经营的准则》,中信出版集团,2009。

22. [美]维克多·弗兰克尔:《活出生命的意义》,华夏出版社,2010。

23. [美]彼得·考夫曼编:《穷查理宝典:查理·芒格智慧箴言录》,中信出版集团,2016,第 97—100 页。

24. [美]彼得·考夫曼编:《穷查理宝典:查理·芒格智慧箴言录》,中信出版集团,2016,第 457—502 页。

25. [美]瑞·达利欧:《原则》,中信出版社,2018。

26. 《哈佛商业评论》2000 年 9 月 1 日刊登的文章《你的战略遇到问题了吗?那就绘制战略地图吧》(*Having Trouble with Your Strategy? Then Map It*, 罗伯特·卡普兰,大卫·诺顿著),详见 https://hbr.org/2000/09/having-trouble-with-your-strategy-then-map-it。

27. 这篇文章是《哲学研究系列》第 67 卷刊登的论文《教学与智慧》(*Teaching and Wisdom*),详见 https://doi.org/10.1007/978-94-017-2022-9_18。

我的剑
留给能挥舞它的人

——芒格在 2023 年每日期刊股东会上的讲话

2022 年 3 月 28 日,每日期刊宣布了重大领导层变动,加拿大软件高管史蒂文·曼希尔 - 琼斯(Steven Myhill-Jones)被任命为董事长兼临时首席执行官。自 1977 年开始担任每日期刊董事长的芒格,在任职 45 年后正式卸任。

2023 年的每日期刊股东会,于当地时间 2 月 15 日星期三上午 10 点举行,芒格依然主场坐镇,回答来自股东的问题。会议沿用疫情期间一直采用的线上方式,全程由 CNBC 进行现场直播,贝琪·奎克负责主持和提问。

在谈到每日期刊的软件业务时,芒格表现出一贯的乐观态度和对史蒂文的信任。股东的提问依然延续了往年的热点,包括对比亚迪和阿里巴巴的投资、人工智能、加密货币、指数基金、通货膨胀等。除了对时事做出评点以外,芒格还就投资理念、为人品质、榜样人物、老年生活等主题,给出了细致的回答。

《芒格之道》下编收录了 2014—2022 年芒格在每日期刊股东会上的讲话。现将芒格先生参加的最后一次每日期刊股东会的完整问答,在此补录。99岁老人的"老生常谈"将长久回响,启迪着我们持续追寻智慧与美德。

每日期刊不是早期的伯克希尔

期刊技术将面临挑战与机遇

股东: 大约一年前,每日期刊公司宣布,由史蒂文·曼希尔-琼斯担任临时首席执行官一职。请问史蒂文表现如何?公司何时任命正式的首席执行官?

我们把公司交给史蒂文领导时,是他自己表示,要在首席执行官的职位前加上"临时"二字。什么时候转正,我们完全听史蒂文的。[1]

既然我这么说了,史蒂文的表现如何,大家应该清楚了吧。

● 查理·芒格

贝琪·奎克: 嗯,很清楚了。

史蒂文·曼希尔-琼斯: 一年前,公司找到了我,我对查理说,我一定竭尽全力,把公司领导好。我也说了,我还不确定自己能否胜任这份工作。那时候,我还不太了解公司的情况,不想把话说得太满。要是我无法胜任,我就退位让贤。公司可以从外部或内部选一位新的领导者。

加入每日期刊公司之前,我创办并经营了一家地理软件公司。[2]

我没有出版行业或法律行业的从业经验。现在我可以肯定地说,我之前创办软件公司的经验,适用于拓展期刊科技(Journal

Technologies）³ 的业务。我相信，我有能力为公司做出贡献。我看好期刊科技的前景，相信经过今年的努力，期刊科技的发展蓝图会更加清晰。

股东：请问每日期刊公司目前是如何进行资本配置的？将多少资金用于买入投资组合中的股票，多少资金用于投资主营业务，多少资金用于回购股票，具体是怎么决定的？将富余资金投入到发展期刊科技的业务，是否有利于提高公司的净资产收益率？

这个问题很简单。在出版行业全盛时期，我们赚了很多钱，大概有 3000 万美元。过去，《每日期刊》是发布上诉法庭判决的指定刊物，我们占据一定的垄断地位。这 3000 万美元，全是在止赎潮中赚到的。随着互联网时代的到来，我们的垄断地位不复存在。我们的发行量直线下降。我们曾经赖以为生的出版生意失去了往日的风光。

加入每日期刊之前，史蒂文在加拿大创办了一家软件公司。经过多年的努力，他带领这家软件公司越做越大。期刊科技是一家初创型软件公司，我们需要史蒂文这样的人才。出版业务已经没前途了，期刊科技才是我们的未来。机遇与挑战并存。机遇在于，摆在我们面前的是一个规模庞大的市场。全世界的法院都非常落后，我们可以凭借我们的现代技术，帮助法院实现自动化。

挑战在于，这个市场开拓起来步履维艰，我们要参与政府招标，要和官僚主义纠缠。这个生意，很慢、很苦。市场很大，就摆在我们面前,我们只有一个比较大的竞争对手。但是这个市场也很难啃,我们只能埋头苦干。我们只能朝着这条路走下去。多少传统的出版公司死掉了?我们能活下来,已经是个奇迹了。

不信你自己去翻一翻《价值线》(Value Line)的中小市值公司版块。在列表中,就剩两家传统的出版公司了。其中一家是甘尼特公司(Gannett)。在甘尼特公司全盛时期,它掌控着全国几十座城市的报纸。那时候,甘尼特的高管乘坐专机飞来飞去,他们走到哪都享受着王公贵族一样的待遇。其实,不只是甘尼特很风光,在那个年代,只要你掌控着一个地区的报纸,你在这个地区就非常有影响力。那时候的报业公司是高高在上的。现在的甘尼特江河日下,没剩下几家报纸了,也没几个钱了,和过去根本没法比了。科技巨变,传统的报纸行业惨遭淘汰。报业公司差不多死光了,留下来的也早已奄奄一息。

每日期刊公司的未来在于期刊科技,我们前面还有很长的路要走。我们为什么持有股票?每日期刊公司拥有大量的富余资金。现在的通货膨胀这么严重,我们当然更愿意持有股票,而不是现金。我们为什么能有这么大的股票投资组合?因为我们的投资做得比较好。好消息是,我们活下来了,而且还有富余的资金。坏消息是,期刊科技是我们唯一的希望,我们要做好长期吃苦的准备。

股东:如您所述,帮助法院实现现代化的过程,是一个长期的过程,一个充满困难的过程。将来,期刊科技的解决方案能始终保持领先

吗？我们作为股东，长期持有每日期刊，能获得良好的回报吗？

史蒂文，你来回答这个问题吧。

史蒂文：这谁都不敢保证。我只能告诉大家，在我过去19年的创业之中，我比较好地应对了科技进步的挑战。我领导我创立的公司实现了长期稳定的盈利。每日期刊收购了我们。我希望我过去的成功经验，同样适用于期刊科技。

依我之见，我们一定要顺应科技的变化，将科技的创新发展为我所用，这样才不至于被甩在后面。我们一定要提前谋划，在编写软件的时候，就为适应将来的科技发展做好准备。我们的软件必须有不断更新迭代的能力。我们必须建立起规模比较大的用户群，获得足够的软件许可费，这样我们才有资金来源，才能不断地进行研发投入，我们的产品才能随着科技发展而不断进步。我们必须要让这个过程运转起来，实现良性循环。总之，我们一定要树立这样的观念：无论是开发软件，还是部署软件，都不是一锤子买卖，而是一个长期持续的过程。

每日期刊的股价不算贵

股东：两年前，每日期刊的股价在350美元左右的时候，您表示，价格太贵了，您是不会在那个价格买的。现在，每日期刊公司的股价来到了305美元左右，市值为4.2亿美元。每日期刊公司持有的股票投资组合值3.1亿美元。每日期刊的投资组合中持有银行股，仅凭银行股的股息，就足以覆盖债务成本。您现在怎么看？您还觉得贵吗？

你对每日期刊公司还挺了解的。我们确实持有大量富余资金。因为我们要开拓一个规模庞大的市场，我们需要一定的资金实力做支持。我们要获得法院的业务，必须参与法院的招投标流程。我们只是一家小公司，如果我们再没点资金实力，人家法院哪敢把业务交给我们？我们有一定的资金实力，这有助于我们开拓业务。

贝琪：每日期刊现在305美元的股价，值得买吗？

我不买，也不卖。芒格家族的每日期刊股票，现在就是持有不动。你看看，现在其他股票多贵。和其他股票相比，每日期刊不算贵。以前，有些人很无知，他们以为每日期刊规模还小，每日期刊能复制伯克希尔的奇迹，把每日期刊的股价炒得很高。每日期刊怎么可能是早期的伯克希尔？我都99岁了。

股东：伯克希尔卖出了银行股。伯克希尔不看好银行股，为什么我们还继续持有银行股？[4]

我们的情况和伯克希尔不一样。我们是加州的公司，我们持有的股票，如果卖出时实现了很大的资本利得，要交非常高的税，所以我们不愿意卖。我们持有的银行股，是我在次贷危机的底部买入的。[5]

准确地说，就是在最低点买入的。我们现在持有的银行股，几乎全部是利润,卖出的话,一下子要把40%多交给政府。不卖出,我们每年能拿股息,而且几乎不用交税。卖出去,我们会损失很多。留下来,能继续收息。还是继续持有比较好。我们的情况和伯克希尔不一样。综合考虑,我们愿意继续持有一段时间。

加州的营商环境真是让人不敢恭维。税负太高了。我们赚点钱,既要向州政府交税,又要向联邦政府交税。这样下去,谁还愿意来加州开公司。很多别的州,人家大力招商引资,根本不收所得税。加州可倒好,把有钱人和赚钱的公司往外赶。求仁得仁,富人纷纷离开加州。这能怪谁?

每日期刊的软件生意做成了,我们的公司就发达了。做不成,我们还有投资物业,还有股票,兜底是没问题的。按现在的股价算,亏也亏不了多少。每日期刊的股票,现在的价格不算贵,也不算便宜。

每日期刊的董事会仍然非常像伯克希尔

股东:在每日期刊公司的董事中,只有一位董事持有100股股票,另外三位一股没有。我感到很惊讶。从持股情况来看,董事会成员并没有和股东站在一起。

以前,瑞克·盖林(Rick Guerin)还在世的时候,在董事会中,我们俩是大股东。我和瑞克是老朋友了。我们俩虽然在公司担任董事,但我们不从公司领薪水,不用公司给我们发董事酬金,也不用公司给我们报销费用。每日期刊的董事会是为股东着想的,我们的风格与伯克希尔的董事会如出一辙。瑞克已经去世了,享年90岁。[6]

现在就剩我一个老人儿了。我们需要选新的董事加入进来。可以告诉大家,我们的新董事一个比一个聪明,一个比一个有钱。我们的董事会仍然类似于伯克希尔的董事会。我们的董事有钱、有头脑、懂投资。每日期刊的董事会始终以股东利益为重。

史蒂文:我想补充一句,虽然我现在还没持有公司的股票,但我非常期待分享公司未来的增长。我才来公司不久,还是个新人。我什么时候持有公司的股票合适,这还需要斟酌。

我们会选个合适的时候。

史蒂文:明白。我还没持有公司的股票,但我很想把这份工作做好,也一直以公司的利益为重。芒格先生和公司董事会信任我,把公司交给我领导,我深感责任重大。我很珍惜这个机会。

每日期刊公司比较特别,我们拥有大量股票,我们的主营业务属于高科技行业。我们做这项业务,需要处理好与政府部门的关系,需要经常出差,需要克服重重困难。好在我们的市场是一片蓝海,几乎没什么竞争对手。我们和大公司不能比,但大公司不愿意干这样的苦差事。

正因为大公司不愿意做,我们才有机会。大型软件公司,好日子过惯了,它们只想躺着赚钱,开发出标准化的软件,一份份拷贝就能财源滚滚而来。我们能吃苦,能啃硬骨头,能一笔业务、一笔业务地做。我们没什么竞争对手。

股东：请问在您心目中，瑞克·盖林是怎样的一个人？您对他印象最深的是什么？

瑞克是个好人，也是一位优秀的投资者。

我非常怀念他。我们有好几十年的交情，是贫贱之交。我们一起患过难，感情自然很深。1961年认识的时候，我们还是两个年轻人，都一无所有，都渴望出人头地。我们一起经历了很多事，可真是老朋友了。人生在世，天下没有不散的筵席。[7]

人工智能有用武之地，但并不万能

每日期刊在实验人工智能

股东：请问人工智能会对每日期刊的业务造成怎样的影响？从更大的层面上看，人工智能会给人类文明带来怎样的影响？

人工智能会带来很大的影响，但现在被吹得太玄乎了。人工智能治不好癌症。人工智能不是万能的。很多所谓的人工智能纯粹是炒作。人工智能很火。在我看来，人工智能有用武之地，但不是什么都能用人工智能来做。有的人把人工智能用在了保险行业，效果不错。有的人用人工智能购买写字楼，我看没什么大用。

史蒂文： 在每日期刊公司，我们从去年夏天开始研究人工智能，利用人工智能技术编写一些文章。我们一直在关注人工智能的发展。现在的人工智能技术，还无法胜任比较复杂的工作。至于一些简单的工作，人工智能技术可以做得很好。在不久的将来，人工智能技术很可能取得重大突破，有能力做更多、更复杂的工作。

每日期刊公司以前是做传统出版行业的，一场颠覆性的科技变革给每日期刊造成了巨大的冲击。我们开拓了新业务，新业务很有前途。然而，我们要走的不是一条康庄大道，而是充满了荆棘和坎坷。

人类难以避免自我欺骗

股东： ChatGPT给您提了一个问题："芒格先生，您讲了很多种造成人类误判的心理倾向。请问哪种心理倾向最难克服？您是怎么做的？"

因为"否认现实"这种心理倾向，人们很容易做出错误的判断。有的时候，现实让人难以接受，人们会自己骗自己，装作事情没有发生。在商业中，大环境已经变了，过去的做法明显行不通了，有的人还是顽固地走老路，继续把钱大笔大笔地扔进去，最后将付出惨重的代价。

在资产管理行业，我们也能看到"否认现实"的现象。扣除所有费用，有多少基金经理能跑赢指数？我估计，100个里，大概只有5个能长期稳定地跑赢指数。那些跑不赢的，他们不就是在"否认现实"吗？他们明明做的是无用功，却还向客户收取大笔费用。一个寡妇，把50万元交给了基金经理管理。基金经理每年收她1%的管理费，业绩还不如指数，这基金经理良心何在？没办法，基金经理挣的就是这个钱。他们不可能去考虑什么寡妇不寡妇，有用没有用的。整个资管行业都被自欺欺人的氛围笼罩着。

2000多年前，古希腊的德摩斯梯尼说过："人们善于自欺，人们想得到什么，就会相信什么。"[8]

人们欺骗自己的例子还有很多。"否认现实"的心理倾向很普遍，也很难克服。

资管行业吞噬了巨额的代理人费用，这是一种不负责任的行为。没一个基金经理敢面对现实。基金经理要养家糊口，没这些管理费、手续费，他们就没法生活。先保住自己的利益再说，至于客户的利益，他们顾不了那么多。

伯克希尔不一样，每日期刊也不一样。盖林和我没从公司领过一分钱，我们不拿工资，不领董事薪酬。我用自己的电话谈生意，用自己的车办公事，从来没让公司给报销过。像我们这样的，太少了。伯克希尔、每日期刊如同鹤立鸡群。

目前，期刊科技制定了一项股权激励计划，我们准备了100万美元的每日期刊公司的股票。这100万美元的股票不是公司发行的，而是我个人赠予公司的，让公司用这部分股票激励员工。这个做法是我和比亚迪的王传福学的。

比亚迪是每日期刊的投资组合中的一家公司。

在比亚迪的发展过程中，创始人和董事会主席王传福拿出了自己的一部分股票，用于激励公司高管。他没让公司发行股票，而是自掏腰包。去年，比亚迪爆发了。新能源汽车销量强劲增长，比亚迪的税后净利润预计可达 160 多亿元人民币。作为汽车行业的一股新生力量，比亚迪 160 亿元的成绩单十分亮眼。俗世中，人们堂而皇之地追逐自己的利益，哪管什么道义不道义。每日期刊、伯克希尔、比亚迪不一样，在这里，仍然能找到古风道义。

阿里巴巴我看错了，半导体我看不懂

2022 年的坏主意是，我忽略了阿里巴巴的零售本质

股东： 从公司的披露文件来看，每日期刊买入阿里巴巴的股票，似乎用了杠杆。去年，阿里巴巴股价下跌，每日期刊被迫卖出。[9]请问您真用杠杆了吗？您为什么要用杠杆？难道您不是一直反对用杠杆吗？

我确实不主张用杠杆。岁数大了以后，我很久没用过杠杆了，沃伦也很长时间不用杠杆了。这几年，我用了点杠杆，是因为我觉得机会太好了，值得上杠杆。你说得对，我们一般不用杠杆。这次我用了，是因为发现了几个好机会。

其实，我刚开始做投资的时候，我会适度地用杠杆。我是这么考虑的。我问自己："如果有一只股票，机会特别好，几乎是白给的，应该给它分配多少仓位？"我的答案是：如果你眼光准，你看好的,一定没错,那么,你可以满仓一把梭,甚至把仓位干到150%。学校教的那一套,和我讲的不一样。真是难得的好机会,当然要满仓,甚至上一倍的杠杆。

贝琪:您讲过,女人、酒精和杠杆是三大害。您把杠杆列为三害之一,为什么还用杠杆呢?

我确实说过这话。在我投资早期,我适度地使用杠杆。沃伦也用过。在管理合伙基金期间,沃伦经常用杠杆。沃伦持有股票投资组合,他用这些股票融资,去做套利,通过公司的清算、合并等活动赚钱。[10]

套利类投资独立于大市,不受市场波动的影响,本质上如同存银行收利息。

本·格雷厄姆给套利类投资起了个生动形象的名字——"犹太人的短期国债"。年轻时,沃伦用杠杆买入"犹太人的短期国债",收益还不错。去年,伯克希尔买入了动视暴雪(Activision Blizzard)的股票,这笔投资还在进行中,也可以归为"犹太人的短期国债"一类。

贝琪:您是说,伯克希尔投资动视暴雪是为了套利吗?

对,是事件套利。这次伯克希尔做了一笔关于动视暴雪的套利。我们已经很久没做套利了,因为做套利的人太多了。我管理每日期刊的投资，略微用了一些杠杆。我们买入比亚迪，可以说也用了杠杆。比亚迪这笔投资，是我的得意之作。

贝琪：这么说，三害之中，杠杆算是危害最小的了？

绝大多数人还是不碰杠杆为妙。有的人可以不受这个约束。我的一位朋友说过这样一句话："年轻人懂得规则，老年人懂得变通。"11 不是所有的老年人都懂得变通。那些过好了一生的老年人，他们应该知道如何变通。

股东：您投资了阿里巴巴公司。投资外国公司的股票，投资者是否应当关注地缘政治风险？

说来让人难以相信，马云在一次公开演讲中抨击中国的金融监管体系。他说中国的金融监管这不行、那不行，就他自己行，就他自己懂。紧接着，马云遭到了点名批评。马云犯了很蠢的错误。他太飘了。阿里巴巴也因此受到了牵连。

我认为，投资阿里巴巴，是我犯过的最严重的错误之一。在研究阿里巴巴的时候，我被它的光环吸引住了，阿里可是中国互联网行业的巨头啊。我没有冷静下来，没看清楚阿里巴巴的本质，它实际上做的仍然是难做的零售生意。即使在互联网上做零售生意，竞争一样激烈，赚钱没那么容易。

股东：您说过，任何一年，如果没推翻自己的成见，或许都是虚度了的一年。在过去的2022年以及现在的2023年，您是否推翻了自己的什么成见？

我做了一个错误的决定，现在已经知道自己错了。当年，互联网时代到来，有人抢占了先机，成为线上零售领导者，取得了很大的成就。我被这种成就迷惑住了，没有意识到，线上零售说到底还是零售。把零售搬到线上，也还是零售。我一时大意，高估了阿里巴巴未来的盈利能力。同样的错误，我从来不犯第二次。犯了错，我总是深刻反省。就像这笔投资，我错了，就承认，这对我自己有好处。

投资中国的理由

股东：您投资了中国的公司。从目前的国际形势来看，您还认为去中国投资是很好的选择吗？

从最近的国际形势来看，我认为中美出现大规模正面冲突的可能性不是上升了，而是降低了。中国的领导人很有智慧，也非常务实。在将来的很长一段时间里，中国将保持稳定。这是投资中国的一个有利因素。

另一个有利因素在于，与美国相比，去中国投资，能以更便宜的价格，买到更好的公司。去中国投资，要多承受一些风险，但获得的价值，足以弥补其中的风险。所以我们去中国投资了。谁不愿意在自己的国家投资啊？我当然更愿意在我家门口投资了，那多方便啊。问题是,家门口没那么多好机会啊。

股东: 过去几个月,中国发生的一系列事情引发了广泛关注。很多人对中国有种种疑虑。有人担心中国不再像过去一样重视发展市场经济。请问您对中国的看法是否有所改变?

我认为中国的领导人取得了很多了不起的成就。他做了很多好事,例如,他强力推进高压反腐。我不知道提问的这个人来自哪个国家。世界本来就充满罪恶和痛苦,哪个国家的政府是十全十美的?

西方民主国家的治理不也存在种种弊端吗?政府的一些决策有不合理的地方,这很正常。甚至一些不合理的决策,影响到每个普通人的生活,这也很正常。我们本来就生活在一个充满罪恶、痛苦和错误的世界中。生而为人,就必须学会去面对。我从来不指望世界是完美的,从来不指望世界上没有愚蠢和错误。我在投资的时候看人,也不指望他每个决定都对,只要正确的时候比较多,犯的错误比较少,那就可以了。人无完人。

台积电很强大,但半导体的生意我不喜欢

股东: 请问中国台湾的局势会对它的半导体行业产生怎样的影响?另外,请问您是否支持《芯片与科学法案》?[12]

半导体行业有个显著的特点。芯片不断迭代,每次迭代升级,

厂商就得把上一轮赚的所有钱砸进去。这钱不砸不行，不砸你就只能出局。我不喜欢这样的生意。在伯克希尔，我们喜欢那种现金滚滚而来的生意。拿到富余的现金，我们可以再去别的地方投资。

行业内的龙头，例如台积电，现在的价格可能是个买入的机会。我不知道将来哪家芯片公司能取得成功，估计最后可能是赢家通吃的局面。这个生意太难做了，各个厂商必须不断加码，才能生存下去。半导体不是好生意。

芯片不断迭代，每次迭代升级，厂商就得把上一轮赚的所有钱砸进去。

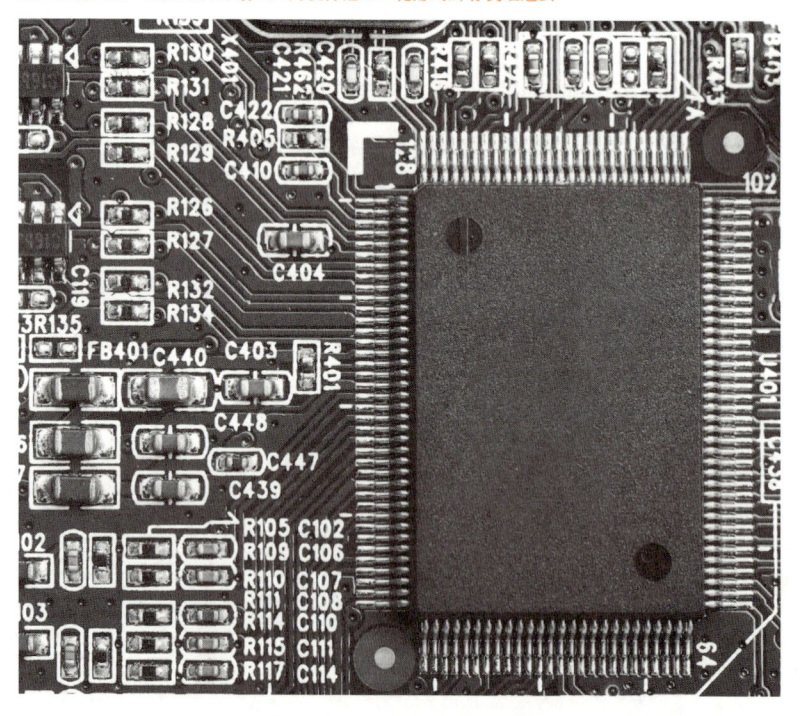

英特尔曾经是半导体行业的霸主。在台积电之前，英特尔是半导体行业的龙头。英特尔开创了半导体行业，并且在几十年的时间里，一直处于统治地位。如今，英特尔的行业地位下滑，想重现辉煌谈何容易。现在的英特尔早已不复当年之勇。

贝琪：美国政府提供补贴，鼓励在美国建设芯片工厂，英特尔宣布将在俄亥俄州投资。英特尔能否借此在芯片大战中翻身？

政府的补贴有帮助，但本质上还是贷款。政府的贷款不是白给的，最后是要还的。疫情中，美国政府发放了纾困贷款，其中有一部分不用还。政府向半导体行业提供的贷款不一样，政府可没打算豁免这个贷款。

我不了解半导体行业。我哪懂半导体啊！

贝琪：半导体公司接受了政府的贷款，是否可能因此受到政府的约束？

那当然了。半导体行业深受中美两国政策的影响。我还是更愿意投资确定性更高的公司。台积电确实是半导体行业当之无愧的霸主。它非常了不起，我很敬佩这家公司。

也许台积电是个不错的投资机会。我年纪大了，学不了新东西了，所以我不想买台积电。年轻人则不一样，他们可能比我更了解半导体行业，也许他们能看懂，台积电对他们来说可能是很好的选择。

我主张禁止虚拟货币的观点无法反驳

股东：2007年，您在南加州大学演讲时说："我有一个观点，别人持有相反的观点，除非我能比别人更有力地反驳自己的观点，否则我对这个问题没有发言权。"[13]最近，您在《华尔街日报》发表了一篇文章抨击加密货币。您主张禁止加密货币。请问您如何反驳自己的这个观点？

我的这个观点无法反驳。反对我的人是脑残。

贝琪（笑）

我主张禁止加密货币，我的这个观点无法反驳。创造加密货币的人，如同赌场的经营者，炒币的人是赌客，也是输家。这玩意叫虚拟货币是抬举它了，我看还不如叫虚拟狗屁。

那些炒币的人真是脑子进水了。在推动人类发展的进程中，国家发行的货币起到了不可估量的作用。统一的货币促进了商品交换，让人类脱离了原始社会，进入了现代文明。国家货币如同空气。空气无法取代，国家货币也无法取代。取代国家货币的想法很愚蠢，也很危险。

政府怎么能容忍这种行为存在？美国允许"加密狗屁"存在是美国的耻辱。"加密狗屁"一文不值、一无是处，百害而无一利，纵容它的存在只能荼毒社会。中国的领导人高瞻远瞩，全面禁止加密货币。中国的领导人一看这"加密狗屁"就不是什么好东西，根本不让这玩意在中国有生存空间，直接把"加密狗屁"赶出中国了。中国做对了，美国做错了。我主张禁止虚拟货币，我的观点无法反驳。

贝琪：您这么说的话，那么您在南加州大学演讲时提出的那个观点还成立吗？

成立。我禁止比特币的主张和我的那个观点并不冲突。在很多问题上，我们应该仔细斟酌，从正反两方面考虑。

例如，社保体系提供多少福利合适？这个问题仁者见仁，智者见智。这时候，就需要你既能阐述自己的观点，又能论证别人的观点。像"加密狗屁"这种鬼把戏，有什么好说的？很多美国人相信加密货币的骗局，美国政府允许加密货币存在，我认为是大错特错，我为美国感到羞愧。任何一种加密货币，都与赌场无异，发行加密货币的人是赌场的庄家，炒币的赌徒被他们玩弄在股掌之中。

面对加密货币，脑子正常的人，态度应该很坚决：远离加密货币，远离宣扬加密货币的人。

贝琪：美国有很多合法的博彩活动，您怎么看？例如，人们对超级碗的投注热情很高。

与"加密狗屁"相比是小巫见大巫了。看超级碗比赛，投点小钱，完全在自己的承受范围之内，小赌怡情。和朋友之间打个小赌，没什么大不了的，就是别真赌，千万别沾上赌瘾。赌场里，概率站在庄家一边，你和庄家赌，久赌必输。明明概率站在庄家一边，我却也赌过一些小钱。但我这一辈子，赌过的小钱，加起来不过几千块而已。下注是可以的，但还是当概率站在自己一边时，下注比较好。

股东：既然您认为比特币和以太币不是好东西，您为什么不做空加密货币？

我不做空。还是不做空为妙。我这辈子只做空过三次，而且还都是30多年前的事了。其中一笔是做空货币，另两笔是做空两只股票。两只股票，其中一只赚了很多，另一只赔了很多，最后只是打个平手。做空货币的那笔，我赚了100万美元，但那个过程太虐心了。后来我就不做空了。

贝琪：（笑）太折磨人了？

确实，心力交瘁。

贝琪：是不是始终很焦虑？

券商不停地让我追加保证金，我一次又一次地把国债交出去作为质押。感觉很难受。最后是赚了，但我再也不想这样赚钱了。

伯克希尔的股票回购、领导人、经营和持仓问题

伯克希尔过去三年的回购数额已经很大了

股东：拜登总统提议，将股票回购的税率从目前的1%提高到4%。请问您怎么看？

我强烈反对。在一家拥有良好文化的公司中，管理层一定是值得信任的受托人，他们能合理地分配公司的资金。如果回购对股东最有利，管理层却把公司的钱胡乱用在别的地方，这无异于窃取公司的财产。公司的管理层是受托人，他们承担着股东的托付。我们应当鼓励公司的管理层奉行高尚的道德观，以股东利益为重。我赞同拜登总统的一些政策，但是我反对提高公司股票回购税。

贝琪：您的反对到什么程度？是深恶痛绝吗？

没到深恶痛绝的程度，我对加密货币才是深恶痛绝。提高回购税是个错误，但没那么严重。我还是强烈反对提高回购税。这项政策非常不合理。我本人支持共和党，但大选的时候，我有时会把票投给民主党候选人。

股东：伯克希尔放缓了回购的节奏。2022年第一季度，投入了30亿美元回购。第二季度和第三季度，伯克希尔与大盘同步下跌，但分别只投入了10亿美元回购。伯克希尔是如何确定回购价格的？是

根据伯克希尔的股价,还是根据伯克希尔持有的3000亿美元的股票的内在价值?

我没问过伯克希尔是怎么回购的。伯克希尔的人行事谨慎。过去三年,伯克希尔回购了大量股票。我非常支持伯克希尔回购股票。我们的回购符合广大股东的利益。向我们征收更高的税率,我觉得不合理。

贝琪:总统认为,在公司高管的薪酬中,九成以上来自股票。他认为,高管大量回购股票,实际上是为了中饱私囊。回购股票,高管得利,股东得利,公司员工却得不到好处。

总统显然是从公司员工的利益出发,他说的有一定道理。很多人从总统的这个角度看问题,支持提高回购税。

社会的财富该如何分配?这是个难题,我也说不好。我只知道,要提高生产力,要促进文明进步,必须要有资本主义制度。

沃伦宝刀未老,格雷格风华正茂

股东:格雷格·阿贝尔(Greg Abel)是怎样的一个人?他也是一台学习机器吗?

格雷格是一位出类拔萃的企业领导者,他既善于思考,也善于行动。他的组织协调能力非常强,特别擅长调兵遣将,总是能圆满地完成各项工作。格雷格是难得的人才。千军易得,一将难求。他也是一台超强的学习机器。在学习能力上，格雷格丝毫不亚于沃伦。其实，有很多事，格雷格比沃伦做得更好。沃伦也很清楚这一点，所以他总是把好多事交给格雷格去做。

伯克希尔现在运转得很顺畅。我们有 92 岁的沃伦宝刀未老，我们还有格雷格风华正茂。

格雷格用自己的实际行动赢得了公用事业监管机构的信任。在管理公用事业公司时，格雷格总是从监管机构的角度出发。有几家公用事业公司能有这个格局？格雷格很了不起。

贝琪：这是他为了表达诚意，对吗？

设身处地，换位思考，监管机构想让我怎么做，我就怎么做。你想让别人怎么对待你，你就怎么对待别人。将心比心，才能把生意做好。

伯克希尔在很长时间内都不会被拆分

股东：请问伯克希尔的股东怎么才能放心，将来伯克希尔不会被拆分？

在将来的很长时间里，伯克希尔不可能被拆分。很多公司继续经营下去，不如破产清算。也就是说，现在的股价很低，把公司下面的资产分拆卖出去，能实现更高的价格。清算公司，变卖资产，只能做一次。公司卖了，股东要交税，还得考虑拿到的钱往哪投。

伯克希尔的股价如果比较低，伯克希尔会回购。综合考虑，股东们还是长期持有伯克希尔比较好。为什么要拆分伯克希尔？合在一起的伯克希尔不是很好吗？在过去 20 年里，买入并持有伯克希尔的股东获得了良好的收益。按现在的价格，买入伯克希尔，长期持有 20 年，仍然能获得良好的收益。将来 20 年的收益不可能像过去 20 年那么高，但至少能做到中规中矩。现在买别的公司，将来 20 年的收益好不到哪去。

贝琪： 您为什么说，现在买别的公司，收益好不到哪去呢？

一个是现在的估值很高，另一个是政府对企业发展的限制越来越多。

贝琪： 您说的是将来多长时间？是未来五年、十年，还是二十年？

营商环境应该会时紧时松，随着历届政府的施政理念而变化。总的来说，现在西方民主国家普遍表现出对企业采取加强管制的态度，税收会越来越高。至于投资行业，将来做投资的难度会加大。过去，做投资太容易了。不可能总是那么容易，变难一些很正常。

反正我是用不着操心了。我活不了那么久，操那份心干什么。（笑）

贝琪：（笑）您今年 99 岁了，是一位老寿星了。

是啊，我今年 99 了。

贝琪： 您现在的身体还很健康。

看，我这不还吃花生酥呢吗？吃花生酥，健康长寿。（拿着一块喜诗糖果的花生酥展示）我不是为自家产品打广告啊。

西方石油和雪佛龙都令人尊敬

股东：伯克希尔会长期持有西方石油（Occidental Petroleum）和雪佛龙（Chevron）吗？

持有这两家公司，相当于拥有二叠纪盆地（Permian Basin）的石油和天然气资源。从这个角度讲，我看好长期持有这两家公司的前景。

本·格雷厄姆说过，一笔好的投资，也可能是一笔好的投机。这话很有道理。我们不做短期投机，但好的投资，可能也是好的投机。

伯克希尔持有这两家公司大量股票，相当于拥有大量油气资源。西方石油和雪佛龙都是令人尊敬的公司。三四十年前，西方石油不是现在这个样子。那时候，它的领导者是个骗子。[14]

早些年，西方石油劣迹斑斑。随着时间推移，现在它走上正道了。

贝琪：三四十年前，西方石油的领导者是谁？

阿曼德·哈默（Armand Hammer）。他是老一代的人。你年轻，没听说过他很正常。

贝琪：艾米·哈默（Armie Hammer）我知道。他应该是艾米·哈默的曾祖父。

我的老年生活

股东：您年轻的时候是否经常锻炼？这是否与您的长寿有关？

我基本不锻炼。当兵的时候，不得不练，那没办法。我这一辈子，几乎没特意锻炼过。有的运动，我喜欢，例如，打网球，那我就打，也算是锻炼吧。我基本没锻炼，现在99了，也活得挺好。

贝琪：您是否打算改变一下？

不改了。

史蒂文：这不是谁都能学得来的。（笑）

股东：您打算怎么过100岁大寿？早晨起床后，您如何安排您的一天？

现在我每天起床后的第一件事是坐到轮椅上。这是岁数大了的难处，难点就难点，总比死了强。每当我坐在轮椅里，感觉心里不是滋味的时候，我就会想起富兰克林·罗斯福（Franklin D. Roosevelt）。罗斯福当了12年的美国总统，他一直是坐轮椅的。我要是还能坐12年轮椅，那我求之不得呢。

股东：在题为"人类误判心理学"的演讲中，您将衰老列为做出错误判断的原因之一。[15]您表示，进入老年，人的认知能力无可避免地下降。您现在99岁了，请问与您71岁时相比，您的判断力和思维能力有何变化？

毫无疑问，进入老年，年纪越大，思维能力越弱。尽管如此，有的人善于调整、善于适应，即使出现了一些退化，仍然能从容应对。我的判断力和思维能力下降了很多，可是我知道该怎么应对，我的老年生活还过得去。性能力衰退了，那是没法恢复的。（笑）

股东：您是一个很有自制力的人，我非常佩服您。请问您每天是在同样的时间起床和睡觉吗？您每天起床后，首先想到的第一件事是什么？

我的作息不是分秒不差，但基本很有规律。进入老年之后，我睡眠非常好，这是我的幸运。

股东：疫情期间，您感染新冠了吗？您如何保持健康？请您给老年人提一些建议。

我得了。得的时候，已经打过疫苗了。我基本没什么症状，就是有点咳嗽，很快就好了，但确实阳了。

至于给老年人的建议，主要是小心跌倒。我认识的很多老年人，他们在跌倒之后去世了，或者受了重伤。我自己成为老年人以后，也到了要小心跌倒的时候，有人建议我拄拐杖。我的一些老年朋友，他们拄拐杖了，但还是跌倒了。我决定不拄拐杖。我买了一个老人助行器，担心跌倒的时候，我就推着助行器走路。助行器我用了六年半，一次没跌倒，因为我一直很小心。老年人一定要多加小心。

现在，我坐上轮椅了。再多活几年的话，我可能还是坐在轮椅上。用助行器，我很小心。坐轮椅，我也很小心。多加些小心，有什么不好？

通货膨胀不可避免，政府要做正确的事

股东：最近美联储开启加息节奏，利率走高，零利率逐渐成为过去。请问这将产生怎样的影响？利率环境发生了变化，您将采取什么对策？

随着利率上升，股价肯定受到负面影响。利率也该上升了，不可能永远维持零利率。在我看来，利率上升，不过是我们要面对的又一个困难而已。投资中，总是有逆境，有顺境。在今后的几百年之中，通货膨胀不可避免。我认为，民主政治之下，通货膨胀只能越来越严重。正因为如此，每日期刊持有股票，而不是债券。

贝琪：您刚才说"民主政治"，您是专门指民主党吗？

不是。共和党的特朗普搞赤字财政，比民主党还厉害。在民主国家，无论谁当政，都容易开动印钞机。长此以往，通货膨胀自然越来越高。有时是不得已而为之，经济即将陷入衰退，超发货币可以帮我们摆脱危机。危机差不多过去了，还继续超发货币，那就弊大于利了。

股东： 保罗·沃克（Paul Volcker）出任美联储主席之前，在20世纪70年代，通货膨胀起起伏伏。您觉得，我们是否将再次经历这种情况？

有这个可能。

贝琪： 杰伊·鲍威尔（Jay Powell）正在全力控制通胀，您觉得短期内通胀将如何发展？

长期的趋势，我能看得比较准。短期的波动，我不知道。短期内的情况如何，我一无所知。

股东： 您相信杰伊·鲍威尔吗？我们能实现软着陆吗？

杰伊·鲍威尔是一位非常称职的美联储主席。他人品正直、头脑聪明，兢兢业业地履职尽责。我想不出比他更适合担任美联储主席的人选，我相信杰伊·鲍威尔。

股东： 我们的预算赤字高企，债务上限形同虚设。到最后，巨额债务该如何偿还？

回顾历史，我们可以发现，很多民主国家走向衰亡，被独裁者取而代之。在我这一生中，"二战"是人类遭遇的最大灾难。高度文明的德国被阿道夫·希特勒这个独裁者篡夺。正是因为全球陷入了经济危机，希特勒才有机可乘。如果没有那场经济危机，希特勒也不可能上台。

希特勒上台，"二战"的爆发成为必然。幸好同盟国胜了，否则后果不堪设想。滥发货币是大忌，历史上的民主国家没能抵挡住这个诱惑，将来也未必抵挡得住。我们要做好充分的心理准备，政府可能做出错误的决策，将来的世界可能陷入混乱。

话说回来，美国政府也做了不少好事。我说过很多次，美国在"二战"之后的做法让我感到骄傲。美国没有惩罚德国和日本，而是和它们成为了朋友。太了不起了。

美国两党步调一致，与德日两国捐弃前嫌，这种行为令人赞叹。美国在这件事上表现出了智慧和气度。美国出钱，帮助德日战后重建。美国的这一善举促进了整个人类社会的发展。我们过去有过如此光彩的行为，将来我们一定仍然不乏这种高风亮节。

这么说吧。将来，我们既会有特别对的时候，也会有特别错的时候，有对有错是常态。

贝琪：是像丘吉尔说的那样，我们美国人总是遍历所有错误的可能，才做出正确的事吗？

不是那样，我是说，我们将来有对有错。

股东：如果您能决定2024年谁来当选美国总统，您会选谁？

这个问题，我选择跳过。我不想牵涉关于总统人选的政治问题。

贝琪：明白。

股东：要促进经济增长，政府该做什么？不该做什么？

要推动经济发展，实现人均国内生产总值增长，首先必须保证私人财产权。只有个人的财产权得到保证，人们才能积极主动地创造财富。私人财产权得到了充分的保证，经济将高效发展，人均国内生产总值将不断提高。

其次，必须有稳定的货币体系，为商品和劳动交换提供便利。一个是私人财产权，一个是商品和劳动的交换，这两点是造就富裕文明的基础。例如，你想学小提琴，我想赚钱，你可以花钱雇我，我教你学小提琴。这样一来，我们互惠互利。在整个社会中，无数像我们一样的人，赚钱、花钱，人均国内生产总值随之增加。

正因为有了私人财产权，有了自由交换，人类才能从狩猎采集社会发展到现代文明。我讲的道理显而易见。可惜，很多人在大学里学了经济学，却并不知道这么浅显的道理。大学里不是像我这样教的。

指数基金不应指手画脚，薪酬机制存在很大问题

股东：指数基金的规模越来越大，它们对公司董事会和管理层的影响力也越来越大。大量投票权集中到了指数基金手中，这会带来什么问题？该如何解决？

指数基金掌握了大量投票权，确实可能引发严重的问题。有一段

时间,指数基金如同新王加冕,趾高气扬地发号施令。先锋(Vanguard)指数基金有自知之明,把一部分投票权归还给了基金投资者。但愿贝莱德集团(BlackRock)的拉里·芬克(Larry Fink)也能择善而从。

与主动管理的基金相比,指数基金的收费较低,而且收益率比较好,是一种适合普通投资者的投资方式。从这方面讲,指数基金做了一件大好事。指数基金应该继续做好自己的本职工作,不能因为自己手中有权力,就摆出一副不可一世的样子,无论是国家政策,还是公司治理,哪都要插一嘴。指数基金就是基金而已,美国的公司该如何经营管理,轮不到它们指手画脚。

一些指数基金一会儿让伯克希尔这样,一会儿让伯克希尔那样,它们还是一边歇着去吧。伯克希尔该怎么做,用不着它们来教。[16]

股东:近年来,高管从公司拿到的股权激励越来越多。请问股权激励给多少比较合适?

美国公司的激励机制形形色色。有的很合理,有的给得太多,有得给的太少。人不一样,激励机制自然也不一样。

很多公司选择发放大量的股权激励,是因为它们不把股权激励算作成本,不从盈利中扣除。它们变着法地虚增利润。人性使然。就像学生想考高分一样,公司想交出漂亮的业绩。

有的公司,高管拿的薪酬确实太多了。有的公司,例如开市客,薪酬机制就很合理。开市客的高管薪酬中也包含股权激励,但是开市客总是先回购股份，再把股份授予高管。很多高科技公司则不然，它们授予高管大量期权，但是根本不回购，普通股东的股权自然会被稀释。美国公司的薪酬机制存在很大的问题，我觉得这很正常，没问题倒不正常了。

高管薪酬令人咋舌，也就是最近 50 年出现的事。我年轻时，高管薪酬不像现在这么夸张。

贝琪：为什么会这样？

我不知道，也许是老一辈人更吃苦耐劳，更有一种开拓进取的精神。我年轻的时候，没人觉得高管的薪酬太高了。现在可不一样了，投资界普遍认为高管拿的薪酬太高。以全盛时期的通用电气为例，高管为了拿到天价薪酬，不惜虚增利润。太可耻了。如果欺诈成为一种普遍行为，文明将不复存在。诚信不能丢。至于那些已经被侵蚀的公司，怎么能把它们挽救回来？我不知道。实在太难了。

现实的世界复杂而有缺陷

股东：埃隆·马斯克收购了推特，他主张放宽内容审核，请问这对美国社会来说是一件好事吗？

我不用推特，我不知道这个问题该怎么回答。我对埃隆·马斯克的评价是，他是一个天才，但也是一个例外。对于马斯克，我不做多,也不做空。我只能说他是一个非常之人。

贝琪:我记得去年,谈到特斯拉,您还表扬了马斯克。

马斯克创建了特斯拉,确实很了不起。谁能和他比?也就比亚迪了。这也说明了,资本主义的竞争有多激烈。马斯克算是天才了,可还有比他更强的,突然不知道从哪冒出来个比亚迪。资本主义真不容易。

股东:一位女性将盖可保险告上法庭,她表示,她在男友车中与男友发生关系,染上了性病,男友的车是由盖可保险承保的。2022年,密苏里州的一家法院判盖可保险向这位女性赔偿520万美元。您觉得这个判决合理吗?

好像不合理。不过,法院错判并不稀奇,有些判决甚至错到离谱。没办法。不服的话,可以上诉。问题是,有时候,上诉法院会维持原来错误的判决。[17]

世上的缺陷很多,不是我想改就能改的。

股东:2015年,伯克希尔与3G携手促成了卡夫亨氏的合并。当时,人们对伯克希尔与3G的合作充满了期待。几年的时间过去了,您对3G资本的看法是否发生了改变?

人无完人,3G也一样,它的交易,有的很成功,有的不太好。

3G一定很想回到过去,把不好的交易变成好的交易。伯克希尔也如此。可惜,我们无法回到过去。总的来说,3G做得还是不错的。近年来，3G 的方法不太管用。还能怎么说？成年人的世界就是这么难。

股东：半个世纪以来，奥兰多迪士尼乐园附近的区域一直由迪士尼管理。最近，佛罗里达州政府颁布了一项法令，收回了迪士尼的"自治权"。每日期刊仍然持有迪士尼的股票。请问此次事件有何影响？迪士尼还值得投资吗？

每日期刊公司从来没买过迪士尼的股票。

贝琪：抱歉，我搞错了。

说起迪士尼，它有好几个业务部门，生意都不像以前那么好做了。还是那句话，成年人的世界太难。过去的迪士尼多辉煌啊。《狮子王》在纽约的大剧院演了一场又一场。那时的迪士尼风头无两，一路高歌猛进。谁承想，突然有一天，迪士尼在各条业务线上都步履维艰了。这也很正常。

还有柯达，它一手缔造了胶卷帝国，最后却让股东赔了个精光。

贝琪：迪士尼是否会重蹈柯达的覆辙？

不至于。迪士尼还有大量资产。我只是觉得现在的迪士尼生意很难做了。就拿 ESPN 体育直播来说，鼎盛时期的 ESPN 是一棵摇钱树，能为迪士尼带来源源不断的现金。现在的 ESPN，生意难做多了，和当年没法比了。

那时的迪士尼风头无两，一路高歌猛进。谁承想，突然有一天，迪士尼在各条业务线上都步履维艰了。这也很正常。Photo_Steven Lozano

贝琪：迪士尼的股价今年是上涨的。

至于电影业务，也是烧钱的。这生意太难了。

股东：其他电影公司呢？伯克希尔买了派拉蒙（Paramount）的股票。我想听听您对派拉蒙的看法。[18]

我家离派拉蒙电影制片厂不远，但是我连一个派拉蒙公司的人都不认识。作为投资者，我非常厌恶电影公司，避之唯恐不及。我从来没投资过电影公司。我就是对电影公司没好感。电影行业的工会、经纪人、律师，没一个好东西，电影明星脑子不好使，还有毒贩子充斥其中。

电影公司的文化，不是我喜欢的文化。有些老派的英国演员，我非常欣赏，我是看着他们的作品长大的。总之，电影不是我的菜，我不碰电影公司。在电影行业，投资人很难赚到钱。演员、编剧、配乐等工作人员或许赚得不少，投资人赚不着什么钱。

股东：从67岁开始领退休金，每月可以拿到退休金的108%。从70岁开始领退休金，每月可以拿到退休金的132%。请问我从什么时候开始领比较好？

这个我没办法帮你决定，主要看你自己的情况。如果知道自己活不了多久了，当然是赶快把钱领出来花。（笑）如果觉得自己还能活很长时间，那就不急着领了。对于大多数身体健康的人来说，还是晚些领退休金比较好，晚一点拿，能多拿点。

贝琪：觉得自己能活得长，想得乐观一些，对自己的心态也有好处。

贝琪，你打算什么时候领退休金？

贝琪：我还没到65呢，还没考虑过这个问题。到时候再说吧。我想多工作几年。

反正你也用不着靠退休金。我只是随便问问而已。

贝琪：（笑）我不会很早退休，也不会很早领退休金，我天生比较保守。

种族主义、气候变化、教育与人口问题

股东：您觉得在当今美国社会，是否普遍存在种族歧视？

有一些，这是肯定的。不同种族之间，存在嫌隙和敌意，很正常。这是人类历史的一部分。我年轻的时候，美国的种族歧视比现在更严重。依我之见，从几十年前到现在，种族歧视已经缓和很多了。

股东：在未来25年里，气候变化可能对保险行业造成怎样的影响？

我不是这方面的专家，只能说说自己的看法。很多人把气候变化当成天大的问题，我觉得，很可能没那么严重。不是说不把气候变化当回事儿，而是说不至于一谈到气候变化就像天要塌下来一样，世界末日就要到了。

股东：在给本科生讲授金融基础知识时，应该教他们一些什么内容，才能让他们具备生活和工作中所需的金融常识？

教育是个值得思考的问题，也是一个很大的问题。人生能否幸福，判断力是很重要的因素。判断力好的话，更容易过得幸福。好的判断力从何而来？需要长期培养，需要从错误的判断中总结，从挫折中吸取教训。我总是说，培养自己的判断力，一个是要付诸行动，尽早开始；另一个是要把这当成一辈子的事，长期坚持。这样的话，你才有可能过上幸福的生活。不这样，别指望幸福。

我说过，我只能把那种一点就透的人教明白。他自己已经知道

得差不多了，我只不过是捅破那层窗户纸而已。如果一个人，自己没有付出丝毫努力，我可教不明白。教白痴，我未尝胜绩。（笑）

贝琪：如果您是大学老师，教金融课时您会怎么引导学生？您会教他们什么？

我只教那些可造之才，那些跟不上的、学不明白的，就不管了。不是学习的料，怎么也教不好。我何必自讨苦吃？其实，大多数教育体系也确实是这么做的。跟不上的学生，一级一级被淘汰。正是因为有这种优胜劣汰机制的存在，能到达学术界顶端的才是真正的精英人才。

昨天，我通过 Zoom 和一所大学的法学教授聊天。他太厉害了，智慧超群、举止沉稳，让我深深折服。他是世界顶尖法学院的资深教授，与他会面之前，我想到了他应该很优秀，但没想到这么优秀。见到了他，我就知道学术圈的竞争有多激烈了。

顶尖大学拥有一流的教授，他们中有很多是名师大家。尽管如此，他们也没有点石成金的本事。他们之所以能培养出众多优秀人才，是因为教育体系输送给他们的是优质学苗。把学渣送给他们，他们也教不了，谁都教不了。正所谓"朽木不可雕也"。

股东：将来人口增长是否可能威胁到人类的生存？如何判断人口数量是否超出了地球的承载能力？

在过去，鉴于当时的人口增长速度，很多人和保罗·埃尔利希一样，以为人口将高速增长，导致世界陷入危机。[19]

后来，实际情况并非如此。随着世界越来越富裕，包括中国在内，很多国家出现了人口增长率下降的情况。日本甚至陷入了人口负增长。过去，人口数据呈上升曲线。专家们顺着图表的趋势推断，预测人口将继续增长。事实证明，他们完全错了。从现在的情况来看，随着一个国家步入发达国家行列，它的人口增速会自然降下来。

贝琪：埃隆·马斯克也是这么说的。马斯克认为，我们更应该担心的不是人口增加，而是人口减少。

我说过，马斯克很聪明，但他的聪明只体现在某些方面。大多数人都如此。

投资要找好生意，但企业有兴衰更替

本·格雷厄姆晚年时的醒悟

股东：沃伦·巴菲特进化为以合理的价格买入好公司，您功不可没。净流动资产投资法（Net–Net）无法做大。本·格雷厄姆天赋过人，投资阅历丰富，他为什么没发现"捡烟蒂"的局限性？您很早提出，好公司值得付更高的价格。您为什么愿意花更多的钱，买好公司呢？您的这种想法从何而来？

在本·格雷厄姆做投资的时候，市场上存在大量质地一般，但价格极为低廉的公司，大量"低垂的果实"触手可及。更何况，果园中像格雷厄姆这样摘果子的人很少，他只要买入 Net-Net，就能轻松获得良好的收益。后来，大萧条的阴影逐渐消散，"低垂的果实"越来越少，最后甚至找不到了。

本·格雷厄姆一生赚了很多钱，但其中有一半的钱是从一只股票上赚的，也就是盖可保险。盖可保险不是烟蒂，而是好生意。纵观格雷厄姆一生的投资，他教别人捡烟蒂，但他自己的很大一部分财富却是一个好生意带来的。（笑）

这是格雷厄姆自己晚年亲口说的。他计算了自己投资盖可赚了多少钱，之前投资赚了多少钱。可以说，本·格雷厄姆到了晚年，总算醒悟过来了。

贝琪：您为什么很早就愿意花更高的价格买好公司呢？

因为这是明摆着的。明摆着的道理，我能看出来。明摆着的，要取得好的投资收益，你得跟着好公司。（笑）我发现了好公司好，我就是认识到了好公司好，这有什么了不起的？好公司当然好了。

我们首先喜欢生意好

股东：在分析一家公司的时候，生意和管理者这两个因素，您更看重哪个？沃伦呢？他的想法和你一样吗？

沃伦的想法应该和我一样。我们把生意排在第一位，管理者是第二位。再优秀的管理者，让他经营烂生意，他都无能为力。我们的投资有现在的成就，靠的可不是让优秀的管理者挑战烂生意。管理者水平不行，还想成功，那就一定要找个好生意管理。

贝琪：一个好生意，让低水平的管理者来经营，能行吗？

有时可以。很多年前，一个脑残领导了可口可乐很多年。每次开董事会，董事们以为他只是喝大了，让他留在那个位置好多年。这才是真正的好生意，连脑残都能经营好。鼎盛时期的可口可乐生意就是这么好。

贝琪：是多少年前？

25 年前。

贝琪：哦，25年前，这人是谁，请观众朋友们自己算吧。

好企业不会一直保持低价

股东：您反对过度分散。如果一个人只能买一只股票并长期持有，这只股票将是他未来最重要的资产，请问在分析和挑选的时候，他应该看哪些方面？

第一，选好生意；第二，选优秀的管理者。运气好的话，能找到同时符合两个条件的，这样的公司值得长期投资。问题在于，大家都在找这样的好公司。美国的上市公司，研究的人太多了，很多人投入大量时间精挑细选、深入分析。

等你找到一家好公司，一看价格，很可能是25倍、30倍、35倍市盈率了。价格这么高，买下来的话，稍有差池，很容易遭遇严重亏损。做投资，难就难在这，好公司一般不便宜。除非你慧眼识珠，在一家好公司还没成长起来的时候，在别人之前发现这是一家好公司。这个眼力不是谁都有的。有人能做到，但凤毛麟角。我选择资产管理人，会把美国95%的基金经理排除在外。

贝琪：真的吗？

投资就是这么难，只有最顶尖的5%，有可能把投资做好。投资很难。买指数基金，长期持有，这没什么难的。指数基金应该是绝大多数人的选择。

每日期刊公司最近实施了401（k）退休金计划。参与该计划的每日期刊员工，有哪些投资选择呢？只能选择指数基金，没别的。有几家公司像我们这样规定？很少。我是对，还是错？我当然是对的。投资指数基金是正确的选择。

贝琪：一些私募基金收取2%的管理费和20%业绩提成，这种收费方式合理吗？

有的私募基金有那个能力，配得上这种收费方式。有多少配得上呢？要我说，还不到5%。有资格这么收费的私募基金，少之又少。现在的竞争太激烈了，到处人满为患。以做风险投资的红杉（Sequoia）为例，有几家公司的业绩能与红杉比肩？估计一百个里，很难挑出来一个。再说了，连这么优秀的红杉，偶尔还有犯错的时候呢。

柯达、施乐、IBM、百货公司俱往矣

股东：在您的投资生涯中，您遇到的最让您意想不到的事是什么？您从中学到了什么？

最让我意想不到的是，那么多曾经伟大的公司，都死了。商业界与生物界何其相似。在生物界中，活着的动物不断走向死亡。生

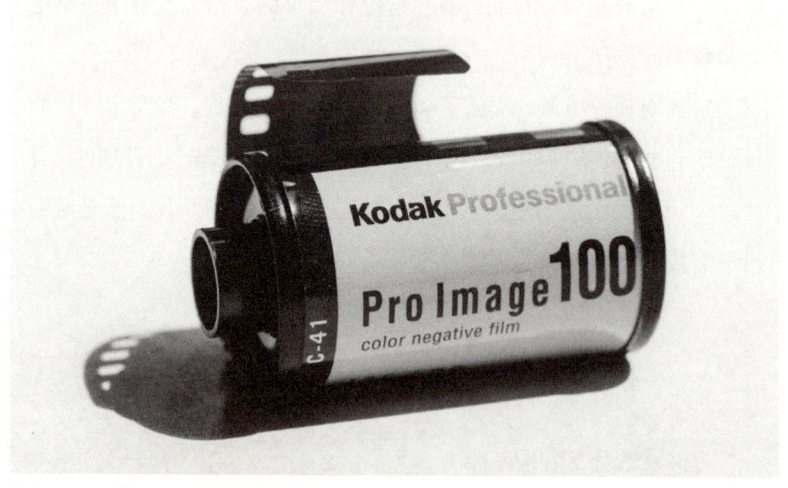

柯达死了。它曾经是驰名全球的商标，胶卷行业的霸主。它把胶卷做到了极致，没人能与它匹敌。最后照样黯然落幕。Photo_Jakob Owens

生死死,各个物种不断优化,不断适应独特的环境。活着的动物不断死亡,现有物种不断消失。生物界如此,商业界也如此。

我年轻的时候,还不明白这个道理。后来才意识到,资本主义中的所有企业也难逃一死。旧的企业死去,新的企业取而代之,焕发出新的生机。资本主义中,死去的公司数不胜数。

柯达死了。它曾经是驰名全球的商标,胶卷行业的霸主。它把胶卷做到了极致,没人能与它匹敌。最后照样黯然落幕。

还有曾经叱咤风云的施乐,早已不复当年之勇。把时间拉得足够长,无论什么公司,最后的结果都是死亡。这个规律显而易见,但是我年轻的时候不懂。那时候,看到那些历史悠久、声誉卓著的大公司,我觉得,等我老了,这些公司应该仍然很伟大。实际上,我年轻时的大公司,许多已经从人们的视线中消失了。没有哪个公司能长盛不衰,即使称霸一方的巨头,也有退出历史舞台的一天。

我又想起了当年那些百货公司,多风光啊。在很长时间里,大型百货公司是城市里最繁华的地方。那时候,百货公司引领时代潮流,它们率先为顾客提供了种种便利。顾客可以乘坐电梯在几层楼之间穿梭,冬天不冷,夏天不热,购物还可以先购买、后付款。我以为百货公司能一直经营下去,想不到它们有倒闭的一天。现在呢,已经死得差不多了。明白了公司的生死,我在投资方面更上了一层楼。

贝琪:我采访过沃尔玛的首席执行官董明伦(Doug McMillon)。他的手机中有一张照片。那是一份列表,列出了在过去几十年中,每

十年排名前十位的零售商。从中可以看出各大零售商的浮浮沉沉。

确实,很多零售商已经死掉了。零售商每天活得胆战心惊,不知道什么时候就丧命了。哪天冒出来一个对手,人家做得更好,你就玩完了。过去的百货商店不就这么死的吗?

贝琪:您投资过巴尔的摩的一家百货商店。[20]

是啊,多少百货商店倒闭了。多少连锁百货商店,曾经在闹市区车水马龙,一个接着一个,衰败,死去。

我还想到了 IBM,它曾经是绝对的霸主,而今走下神坛。今天的 IBM 仍然有一定的实力,仍然有大批人才,但它已经无力回天。就算人才济济,就算拼命努力,该死的时候,还是要死。

股东:在判断公司管理层的人品和能力时,您是否看走眼过?您从中学到了什么?

谁都有马失前蹄的时候。在我的投资生涯中,我觉得最令人唏嘘的是 IBM 的兴衰。在我年轻时,IBM 是美国最受人尊重的公司。那时的 IBM 气势如虹。过去十几年,IBM 变得步履蹒跚,跟不上行业新贵前进的步伐。苹果、谷歌等新生力量崛起,IBM 一次次错失良机。这是商业竞争发展的必然规律。数码摄影时代到来,柯达也没有抓住机会。

我听比尔·盖茨讲过很多次,当颠覆性的新技术出现时,原来很成功的高科技公司，总是无法适应新潮流的发展，因此被无情地淘汰。试想一家公司，已经成功很久了，让它跳出窠臼，拥抱新思维、新做法，哪那么容易？

就拿我们每日期刊公司来说，我们一直在努力适应世界的变化。我们过去出版报纸，现在开发软件，帮助法院实现自动化。隔行如隔山，我们的跨界难度很大。

我为人的品质

生活的秘诀在于尽力攀爬

股东：一些企业家说，要成功，必须为梦想窒息。而您告诉我们，幸福的秘诀在于降低预期。您能展开讲讲吗？

好。用尽全力向上爬，一次爬上去两厘米。这就是生活的秘诀。确实有少数好高骛远的人最后竟然成功了，但我们应该看到，这些人背后是无数的失败者。

贝琪：我们要"少说多做"，对吗？

当然了。一个人，四处说大话，屡屡食言，他脑子绝对有问题。谁还会理他？答应别人的事，总是做不到，别人还能理他吗？我们应该信守承诺，不能把话说得太满，不能让别人失望。言必信，行必果。

延迟满足到老

股东：普通成年人应该延迟满足。您年纪这么大了，财富这么多了，还用得着延迟满足吗？人这一生，活到多大岁数，才能随心所欲地生活，不再延迟满足？

我还在延迟满足。现在我年龄大了，在加州收购了一些公寓，主要是为了找个事做。[21] 我们投资公寓的做法和别人不一样。别人投资公寓，是为了尽快产生利润，尽快把钱拿到手。我们是先花钱，先把公寓的景观做好，把公寓的品质提上来。我们的公寓当然更能租上好价钱。有两位年轻人与我合作，他们把这个生意打理得井井有条。其实，这也是延迟满足的道理。我们把赚钱放在后面，别人把赚钱放在前面。我们的人生观不一样。还是像我们这样比较好，像我们这样，能更多地享受生活的乐趣。

贝琪：您善于延迟满足，这是天生的，还是后天培养出来的？

我小时候就是个懂得延迟满足的孩子。很多年前，心理学家做过一个实验，给孩子一颗棉花糖，如果他能等10分钟再吃这颗棉花糖，会再给他一颗。后来，心理学家继续跟踪参加实验的孩子，他们发现，在这些孩子中，长大成人后获得成功的，恰好是小时候善于等待的。很多东西真是天生的，不信不行。也不是完全学不来，后天培养也有一定作用。

上天眷顾，我小时候就懂得延迟满足，这个品质对我的人生帮助很大。

对股东忠诚不变

股东：沃伦·巴菲特为何能成为世界上最伟大的投资者和复利创造者？

首先，沃伦善于学习、善于思考。还有很重要的一点，沃伦天生就有很强的责任感。他非常关心股东的利益。

沃伦和我很幸运，我们刚起步的时候，只是两个无名小卒，但我们早期的股东信任我们。知恩图报，我们对我们的股东一片赤诚。最早的那批股东，现在已经没一个在世了，但是我们对股东的忠诚保持不变。沃伦和我仍然牵挂着伯克希尔的股东，他们在我们心中占有非常重要的地位。我们能做好投资，忠诚这个品质对我们帮助很大。

学会自我保险

股东：很多大公司，包括脸书的母公司 Meta，它们选择自保，自己给自己提供保险，自己承担员工以及业务风险。请问您怎么看？

我一直是自保，沃伦也一样。我的房子要是着火了，烧没了，我花点钱再建一个就完了，这点钱我花得起，哪里用得着买火灾险。我也懒得去走理赔程序，多麻烦啊。

自己承受不起的，才需要买保险。能承受得起，偶尔的意外支出根本不算回事，何必买火灾险？何必与保险公司打交道？房子烧没了，自己开张支票，重建一个就完了。

聪明人就应该像我这么做。能自保，就自保。买保险，浪费时间、浪费钱。你花钱买保险，交保费，你不出险，但很多骗子出险，你的钱都赔给他们了。

自己能承受得起风险，当然是自保好，用不着浪费时间理赔，用不着交保费，省心省钱。像我这样多好。我就买过一次碰撞险，后来再也不买了。我有钱以后，火灾险也不买了。完全自保。

贝琪：您是伯克希尔的董事会副主席，保险业务是伯克希尔的主营业务，没想到您竟然提倡自保。

我更愿意讲实话，而不是因为伯克希尔做保险生意，我就心口不一。我告诉大家，有能力自保，还是自保好。这对伯克希尔的生意不利，但我还是要讲实话。

贝琪：难道连医保也不交了？

医保是另一回事。不交医保，你去医院看病，要交非常昂贵的费用。交了医保，很大一部分医药费由保险公司承担。医保的情况不一样。

美国的医疗费用、医疗保险太贵。新加坡的医疗体系比美国的更健全，而且人家的医疗费用只有美国的 20%。想把美国的医疗体系改成新加坡那样，比登天还难。来自既得利益者的阻力太大，他们控制着董事会、市政府、州政府。美国高昂的医疗费用早已成为社会的沉疴痼疾。

股东：请谈谈您对美国医保制度的看法。与加拿大、英国的单一支付制度相比，美国的医保制度有何优劣？

伯克希尔曾经与摩根大通、亚马逊成立合资公司，探索改变美国的医保制度，结果无功而返。[22]

有人问沃伦，他学到了什么。沃伦说，绦虫赢了。美国的医保制度花费太高。

理性让你比 95% 的人更有优势

股东：在您这一生之中，对您帮助最大的品质是什么？

很简单，理性。只要你不犯傻，你就胜过 95% 的人了。不是在这方面，就是在那方面，大多数人的脑子总是存在缺陷。只要你始终保持头脑清醒，不犯傻，你就比别人强很多了。除了头脑清醒，再加上耐心、延迟满足，有这些品质，不可能过不好。另外，言出必行，做一个信守承诺的人，别人自然愿意与你合作，自然愿意把机会给你。这些道理很简单。

为什么很多人做不到？这个问题，值得思考。我提到的这些品质，如果你的子女身上没有，教他是教不会的。如果你子女多，你会发现，有些孩子天生就行，有的天生就不行。

贝琪：随着年纪增加、事业成功、财富增长，是不是会越来越难以保持理性？

保持理性总是很难。天生就有这个品质并且不断磨砺，理性会越来越强。保持理性，从来都不容易。

刚才有一个人提了个问题："如果只能买一只股票，持有一辈子，只能靠这只股票为生，该怎么选这只股票？"全美国，有几个人能把这个问题回答好？没几个。很多人毫无头绪，根本不知道从哪些方面考虑。

贝琪：我记得，很长时间以前，您讲过一句话，我印象特别深。您说："每个人的本性与生俱来，钱多了，变老了，人的本性只会愈发强烈。"请问您是如何得出这个结论的？您现在对这句话有什么补充吗？

是这样的，随着时间的推移，每个人骨子里的特性愈发强烈。今天早上，我还想到了这个道理呢。今天早上，我起床穿裤子。我突然想起来，我买裤子的时候还为了省钱而精打细算呢。我买条裤子还精打细算，我真是服了我自己。

贝琪（笑）

习惯成自然了。（笑）

我敬佩的人物

股东：请问您赞赏本·富兰克林的哪些美德？

本·富兰克林是一位天才。那时的美国还是个小国。富兰克林出身贫寒，他父亲是个小商贩，用动物尸体提炼油脂，制作肥皂和蜡烛。富兰克林只上了两三年的小学，他完全是自学成才。富兰克林从社会最底层往上走，等到他去世的时候，他已经成为当时美国最优秀的发明家、最优秀的科学家、最优秀的作家和最优秀的外交官。在很多领域，他做到了当时的美国第一。

他的智商特别高，而且言辞犀利，他成为了一个对国家有用的人。

本·富兰克林是一位天才。Image_wirestock

富兰克林一生热衷于发明。他发明的富兰克林炉和双焦眼镜，我们今天仍在使用。富兰克林岁数大了以后，发现自己视力不太好了，他一琢磨，就发明了双焦眼镜。他还发明了很多别的东西。富兰克林真是一个非常了不起的人。我非常敬佩他。他是一位伟人，是国家的栋梁。

贝琪：听说《穷查理宝典》要出新版本了，是真的吗？

是要出一个线上版本。《穷查理宝典》中文版在中国销量很高，比英文版在美国卖得多。

贝琪：中国人多啊。

不全是这样。

贝琪：还有什么原因？

中国有尊老重老的儒家传统，特别是像我这样有钱的老年人，更是受到尊重。

股东：请谈一谈您最敬佩的几个人。您敬佩他们哪些方面？他们有何过人之处？

开市客联合创始人兼前任首席执行官吉姆·辛内加尔（Jim Sinegal）是一位。他没读过沃顿商学院，没读过哈佛商学院。18岁，他成为一名店员，一步步打拼，最后成为开市客的首席执行官。在前辈索尔·普莱斯（Sol Price）的引领下，吉姆创建了开市客。

吉姆·辛内加尔堪称商业传奇，他一定会在商业史中留下浓墨重彩的一笔。吉姆·辛内加尔把一生献给了零售业。他把零售业摸透了，事无巨细，没有他不懂的。吉姆·辛内加尔着实令人敬佩。

格雷格·阿贝尔领导的是公用事业公司，但他和吉姆·辛内加尔一样令人敬佩。格雷格善于用人，善于理顺难题。他能从监管机构的角度出发，经营管理公用事业公司。他这个格局，就让我感到佩服。他不是总想着怎么把成本传导给消费者，怎么提高电价。他想的是，如果他是监管者，他会怎么做。公用事业公司本来就该这么管理，可是有几家公用事业公司做到了？

一些商界精英，着实令人敬佩，能与他们中的一些人共事，我感到非常荣幸。伯克希尔有家子公司，叫 TTI。[23]

TTI 公司的创始人保罗·安德鲁斯也是我敬佩的人之一。咱们每日期刊公司以前占据垄断地位，我们的报纸专门刊发法院判决，现在我们的垄断地位没了，TTI 公司的垄断地位还在。TTI 公司的生意越做越好。保罗被一家公司炒了，然后创办了 TTI 公司。

贝琪：被哪家公司炒了？

一家军工企业。具体是哪家，我忘了。

贝琪：也许是通用动力（General Dynamic）。

我记不住了。总之，保罗不是一般人。他加入了伯克希尔，成为伯克希尔的经理人。我们要给他加薪，他竟然不愿意。有几个经理人拒绝加薪的？

贝琪：很少。

股东：从长期来看，开市客的护城河是否可能遭到冲击？

只要开市客坚守它独特的文化，坚持超低价的策略，就没人能动得了它的护城河。开市客现在的市盈率超过了40倍，价格比较贵，公司是好公司，未来也充满潜力。开市客拥有优秀的文化、优秀的管理层。我喜欢开市客这家公司。我是开市客的铁粉。我持有的开市客股票，一股不卖。

比亚迪是一个非凡的故事

比亚迪不便宜了，但依然优秀

股东：您为什么投资比亚迪，而不是特斯拉？比亚迪有何过人之处？

这个问题太简单了。去年，特斯拉在中国降价了两次，而比亚迪则接连提价。在中国市场，两家公司进行了正面竞争，比亚迪"吊打"特斯拉。前几年，比亚迪还是一家名不见经传的公司。目前，比亚迪在中国拥有九大整车生产基地，总占地面积几乎相当于曼哈顿岛的一半。

股东：2022年，伯克希尔卖出了一部分比亚迪的股票，也卖出了台积电的股票。[24]请问这是单纯出于投资考虑吗？还是因为担心中美关系？

一方面，比亚迪现在的市盈率超过了50倍，价格很高了；另一方面，比亚迪的汽车销量今年仍然有望增加50%。大约一年前，每日期刊卖出了我们持有的部分比亚迪股票。我们卖出时，价格比现在还高。每日期刊不是迷你版的伯克希尔，我们不是伯克希尔的影子。

比亚迪的市盈率已经来到了50倍以上。按照比亚迪现在的股价，小迪的市值已经超过了梅赛德斯。从这个角度来看，卖出比亚迪的股票很容易理解。比亚迪已经不便宜了。从另一个角度来讲，比亚迪本身确实是一家优秀的公司。

借此机会，我想给大家讲讲，我为比亚迪的发展做出的贡献。我们是通过李录投资的比亚迪。

当时，比亚迪是一家小公司，它凭借低成本生产手机电池，击败了一众日本公司。此后，天才王传福嗅到了商机，他打算收购一家破产的汽车厂，进军汽车行业。那时的比亚迪还是无名小卒，刚靠手机电池发家，就想跨界造车。李录和我都力劝王传福不要头脑发热。我们对他说："千万别胡来啊。你个小小的比亚迪，非往汽车行业里

The first OEM worldwide to deliver 5 million NEVs

闯，人家不把你打得满地找牙？"就这样，比亚迪像一张白纸一样进入了汽车行业。去年，它收获了160亿元人民币的净利润。太传奇了。今天，比亚迪成功了。当年，我和李录还劝王传福不要造车呢。我们哪里为比亚迪做出了什么贡献？这大概就是际遇和机缘吧。

股东：2018年，您说过，期刊科技不是比亚迪，但是将来有可能像比亚迪一样成功。几年过去了，您还认为期刊科技能像比亚迪那么成功吗？

期刊科技的发展速度肯定没有比亚迪那么快，将来的成就也肯定没有比亚迪那么大。

比亚迪堪称最成功的风险投资之一。王传福出身于农民家庭，家中有八个兄弟姐妹，他排行老七。王传福的哥哥发现了弟弟是家里的天才，哥哥挑起了家庭的重担，靠打工供弟弟读书。王传福考上了大学，成为了教授，后来自己出去创业。多感人的故事！

比亚迪从收购一家破产的汽车厂开始，进军汽车行业。新能源汽车爆发，比亚迪今年将雄踞全球新能源汽车销量榜首。比亚迪的成功令人惊叹。王传福是人中龙凤。没有王传福，就没有比亚迪。

贝琪：王传福的优秀体现在哪些方面？

他是天才。他每天工作17个小时，是个工作狂。他一直带领企业做正确的事。他取得的成就非常人所能及。

贝琪：比亚迪是您最得意的投资吗？您最得意的投资是比亚迪，还是开市客？

在投资方面，比亚迪是我为伯克希尔做出的最大贡献。我也就做了这一个比较大的贡献。（笑）2008年，伯克希尔投资2.3亿美元买入比亚迪，现在已经值八九十亿美元了，收益率还不错。

贝琪：相当不错了。

比亚迪这样的机会不常有，可能一辈子只能做成一次。我们还做了很多别的投资，也很成功，但像比亚迪这么成功的，真不多。

我想起来了，还有一笔投资更成功。我们向一家招聘公司支付了一笔费用，它帮我们找到了阿吉特·贾因。[25] 我们支付给招聘公司的费用才多少钱？阿吉特为伯克希尔赚了多少钱？这是伯克希尔最成功的一笔投资。买入比亚迪，就一次。找到阿吉特，也只有一次。

贝琪：都是非常成功的投资。

是啊。

贝琪：查理，感谢您花时间解答大家的问题，感谢您的无私分享。

时间差不多了，会议该结束了。

能和大家再开一年的股东会，我感到很高兴。我们的股东会开了很多年了。祝大家一切顺利！

注释

1. 任命史蒂文担任首席执行官时,芒格表示:"史蒂文能加盟每日期刊公司,我们感到很荣幸。他思维敏捷、精力充沛。他是带领期刊科技公司开拓未来的最佳人选。"

2. 1999 年,史蒂文创建了网络地理软件公司 Latitude Geographics。

3. 期刊科技是每日期刊的子公司,主营软件业务,面向美国以及全球的法院,为法官、检察官、律师等提供案件管理软件。

4. 2022 年,伯克希尔退出了几个长期持有的银行股,包括摩根大通、高盛、富国银行和美国合众银行。

5. 每日期刊持有 230 万股美国银行、159 万股富国银行、14 万股美国合众银行。在 2023 年之前长达十年的时间里,持股不动。2024 年一季度的披露显示,每日期刊将所持三只银行股均减持 10% 到 15%。

6. 瑞克·盖林于 2020 年 10 月 13 日去世。

7. 在谈到瑞克·盖林时,芒格说过:"瑞克是个白手起家的人。他年轻时就自食其力,靠自己打工读完的大学。经过多年的打拼,他功成名就,获得了财富、地位和声望。"在瑞克·盖林的追悼会上,芒格说:"1962 年 1 月,为了谈一笔收购,我们认识了瑞克。瑞克很快发现,他不应该和我们做对手,而应该和我们做队友。从那以后,我们携起手来,做了很多收购。"

8. 德摩斯梯尼(Demosthenes,前 384—前 322),古希腊政治家和雄辩家。原句是:For what every man wishes, that he also believes to be true。

9. 截至 2021 年 12 月,每日期刊持有 60 万股阿里巴巴。认为对这笔投资的判断失误后,2022 年第一季度,芒格卖出 30 万股,将持有的阿里巴巴仓位减半。

10. 在致合伙人的信中,巴菲特将此类投资称为"套利类"。

11. 原句是:The young man knows the rules but the old man knows the exceptions。

12. 2022 年,美国国会两院通过《芯片与科学法案》(Chips and Science Act),旨在增强美国的半导体生产能力。

13. 来源于芒格 2007 年在南加州大学法学院毕业典礼上的演讲。芒格将其称为让自己保持清醒的"铁律"。演讲全文收录于《穷查理宝典》中。

14. 20 世纪 70 年代,证券交易委员会对西方石油提出四项指控,包括盈利预测误导、挪用公司资金用于政治献金等。另外,阿曼德·哈默还卷入了水门事件。

15. 1995 年,芒格在哈佛大学发表了以"人类误判心理学"为主题的演讲,2005 年,他又亲笔对讲稿作了大篇幅的修订,全文收录于《穷查理宝典》中。

16. 贝莱德持有 8% 的伯克希尔 B 类股。

17. 2023 年 1 月,密苏里州最高法院一致驳回了此项判决,将该案发回下级法院重审。

18. 2022 年第一季度,伯克希尔开始买入派拉蒙。到 2023 年第一季度,共计持有 9373 万股,买入价格在 16 到 37 美元之间。2023 年第四季度,伯克希尔开始减持。2024 年第二季度,将派拉蒙清仓。

19. 1968 年,保罗·埃尔利希(Paul Ehrlich)写了《人口爆炸》(The Population Bomb)一书。

20. 1966 年,查理·芒格、沃伦·巴菲特、桑迪·戈特斯曼共同出资,收购了巴尔的摩一家著名的百货商店霍赫希尔德 – 科恩(Hochschild-Kohn)。这笔投资成功。芒格说过:"收购霍赫希尔德 – 科恩的感觉就像买了一艘游艇,就高兴了两天,一个是买下来的那天,一个是卖出去的那天。"

21. 从 2019 年开始,芒格与两位年轻人合作,在加州收购大量花园式公寓并用于出租。

22. 为了探索降低美国医疗费用,伯克希尔·哈撒韦、亚马逊、摩根大通曾合资成立医疗保险公司 Haven。2021 年 1 月,该公司宣布关停。

23. 1971 年,保罗·安德鲁斯(Paul Andrews)创建了 TTI 公司,主营电子元件经销。2007 年,伯克希尔·哈撒韦收购了 TTI。

24. 2022 年,伯克希尔将其持有的比亚迪股票从 2.25 亿股减持到 1.5 亿股。2023 年,伯克希尔继续减持。2024 年 7 月 19 日,伯克希尔的持股比例降到 5% 以下。2024 年第四季度,伯克希尔将其持有的台积电股票卖出了 86%。2023 年第一季度,伯克希尔将台积电清仓。

25. 阿吉特·贾因(Ajit Jain),现任伯克希尔·哈撒韦副董事长,负责保险业务。他于 1986 年加入伯克希尔。

致力于为每个问题
找到正确的答案

——芒格书院对话芒格

2023年5月8日，查理·芒格合伙人、喜马拉雅资本创始人李录先生偕同芒格书院创始人施宏俊及魏宏图、洪海、蒋志刚等一行，在美国洛杉矶查理·芒格家中拜访了芒格先生，并向先生请益。

查理·芒格在洛杉矶家中

与沃伦不同的是,我更关心与中国的合作

芒格: 我对与中国的关系更感兴趣,而沃伦更倾向于考虑其他事情。我对未来的合作非常感兴趣,我认为这是我们继续前进的正确方式。你几乎想不出比苹果与其中国供应商的合作更成功的事情了。它们改变了整个世界。

李录: 中国已经成为苹果最大的市场。

芒格: 中国各地都在使用苹果手机。

李录: 这真的是一种奇妙的共生关系。

芒格: 到目前为止,我们一起取得了很多成就。与美国的自由贸易极大地促进了中国的整体增长,这也是中国摆脱贫困的方法。

施宏俊: 中国很多年轻人以查理先生为榜样。您的经历告诉我们,知识的力量如何改变一个人的命运。中国人很喜欢学习。很多人读了《穷查理宝典》以后真的改变了自己的人生,改变了原来处理生活和商业的方式,选择做一个诚信与认真的人。

李录: 查理成为一代又一代年轻学生的英雄,这是非常奇特的现象,在其他任何地方都不存在。

芒格: 我们没有特意安排这个结果。

李录: 我认为这是因为中国的文化传统强调学习。对您感兴趣的人不仅仅是对金钱感兴趣,或者只是想要成为投资者,而是真的对学习很感兴趣。这一切都来自终身学习的传统,他们觉得您的思想天然地具有吸引力。

芒格： 中国进入科学和工程领域时变得更好了，而且在科学和工程方面取得了长足的进步。

中国将成为一个非常繁荣的地方

施宏俊： 这两年有很多的变化。全球范围内，中国跟美国之间有一些摩擦，俄乌发生冲突，让我们对未来有些担忧。从您的角度来看，怎么才能避免一些可能的愚蠢跟错误，让世界能走向一个光明的前景？

芒格： 拥有核武器的国家卷入战争是愚蠢的。试图通过攻击弱小的邻居来取得重要地位，这应该是一个过时的想法。每个国家都应该停止这样做，我们都应该成熟了。抛弃这种想法才是最有益的。

我认为中国做得很好。把市场经济带到中国的领导人是邓小平。这真的是伟大的政府理念，它使中国发生了迅速且巨大的变化。这是非常明智的决定。据我所知，世界上没有一个国家能不通过适应市场经济的方法而从贫困走向现代繁荣。当然，拥有了市场经济的方法，一些人会变得富有，而其他人会嫉妒他们；富人们往往也不都表现得完美，他们中的一些人会变得傲慢。但无论如何，有这些问题都比陷在贫困中好。

李录： 这是十分深刻的观察，概括了整个文明的发展。

芒格： 中国做到了。除了引进市场经济，没有其他选择对中国有用。实行新体制的第一年，粮食产量就提升了60%。对于一个仍在面对饥饿问题的国家而言,这是多么大的变化啊。这真的是中国的全面革命。

许多现代文明都在进步,但对中国人而言尤其有趣的是,你真的看到了整个国家从贫困的农业文明进入了现代文明,而且进展得非常快。

在整个世界历史上,没有一个大国能发展得那么快。像新加坡这样的小国做到了,但没有大国如此。

历史就是这样,事实证明不需要太多的政府帮助。市场经济意味着改变规则,人们可以身处市场中,农民们因此将粮食产量增加了60%。中国会在它的特色社会主义中做得很好。我们所需要的是一个自由市场,合理的自由市场。我说的不是完全自由的市场,而是基本自由的市场。这就是中国人今天正在走的道路,中国将成为一个非常繁荣和有趣的好地方。

孔子的思想能让我们继续成功

施宏俊: 芒格先生的大家庭也给了我们很多鼓舞,您很关心下一代。家庭成员们和睦相处,自主成长,孩子中还有科学家。

李录: 儿子小查理就是科学家,孙子查理也是科学家。美满的家庭是另一件吸引中国读者的事情。您家庭中的每个人都受到了良好的教育,相互之间的关系亲密而美好。这很儒家。

芒格: 儒家认为人们需要照顾好自己的家庭,但你在美国会看到家庭生活破裂的地方。我们的一些贫民窟条件恶劣,我们有帮派,有枪支,还有很多犯罪，这些给大城市造成了伤害。中国做得比我们好。中国不会容忍这些情况，中国是对的，我们是错的。如果在中国有人想开枪杀人，他一定会被阻止。

施宏俊： 中国的读者更关心的不是您有多少钱，而是更关心您的人生，为什么您这么幸福、这么长寿，家庭为什么这么和谐兴旺？这个更关键。

芒格： 道德很重要。不要做傲慢的人。多学点儒家思想。

施宏俊： 李录先生曾说过，查理是2000年前的孔子在美国的化身。无论是就个人道德而言，还是对社会的贡献而言，您都是孔子一般的人物。在您看来，孔子最伟大的品格是什么？

芒格： 是"礼"的传统。礼对这个世界有益。孔子提倡礼，主张社会秩序。社会秩序也有助于世界进步。礼让人思考，教会人们转过头去。当有人攻击你的时候，你将无意大动干戈，而是选择无视它。整个社会都会因为礼变得更好。

孔子也提倡终身学习。虽然他不懂任何科学，生活在黑暗时代，但他尽了最大的努力去学习和利用他那个时代的知识。他是一个非常聪明的人。

施宏俊： 在市场经济与科技很发达的今天，孔子的思想还能继续让我们成功吗？

芒格： 嗯，当然。礼在现代社会是必不可少的，社会需要良好的秩序才能顺利运作。此外还有终身学习、选贤任能的制度——这让一个有才华的穷人可以受教育并脱颖而出。这些传统对每个人都有好处。

李录： 查理是我们的榜样。我记得在我开始成为他的伙伴的时候，很多次发现查理都是坐飞机的经济舱。要知道，那些座位对他来说真的很小。他能够做到这一点，坚持融入生活，没那么容易。还有，查理现在的这所房子是他在60年前设计和建造的，所有的孩子都在这所房子里长大。60年前，查理远没有今天这么富有。但这么多年过去了，他从不觉得有必要改变。这里的一切都足够好了。

施宏俊： 中国的读者还特别崇敬查理能够不断地阅读。我们有好多您在机场、餐厅、路边看报纸或看书的照片。我们都特别愿意像您这样学习。

芒格： 终身学习很有趣，而且它对每个人都有帮助。李录和我现在都已经学会了如何做比我们年轻时更好的投资。

关于幸福人生的忠告

施宏俊： 我们从《穷查理宝典》中学到，先要有知识的复利，才能有财富的复利。很多读者也都以您为榜样，用知识改变命运。

《穷查理宝典》在中国有100多万读者，很多人都以查理为榜样，努力用知识来改变命运。但我们也知道查理的人生并不是一帆风顺的，经历了很多起伏。中国读者都很感兴趣的问题是，要获得幸福的人生，您能否给我们几点忠告？或者我们要避免哪些问题？

芒格： 我想有两点。首先，你要有一个幸福的家庭生活，和你的孩子、父母、祖父母在一起，这是必不可少的。另一个很好的教训是，我认为你应该试着通过出售对别人真正有用的东西来让自己变得更富有。

你卖的东西对顾客真的有好处，换你是顾客，你也会买的。不要推销对他们有害的东西来挣钱，像赌博、烟，甚至毒品等等。如果你卖的东西对人有益，不仅于德行有益，你的生意也会更好——因为即使境况不佳时，人们还是会需要你提供的东西。如果你卖的是一堆像加密货币的东西，你会让人失去他所有的钱，然后染上烟瘾或者其他的什么，那么最终你自己可能也无以为继。

李录：这让我想起了我们关于交易的一次谈话。那是在金融危机爆发的前一两年，我告诉你信用违约互换（CDS）是如何被错误定价的，购买金融机构疯狂的CDS将是可行的。是你说服我放弃了这么做，我仍然清楚地记得你的理由："如果你是对的，你会赚很多钱，但是所有的钱都将由纳税人支付，而不会是机构——他们把钱都骗走了。"于是，我们并没有真的这么做。

我记得我们当时在谈论那些投资银行，例如高盛。他们最终得到了所有的钱，来自政府的和纳税人的。整个逻辑听起来就像是：他制造并贩卖毒品，但因为卖掉了所有的生产物，没有任何库存，所以他就不算持有毒品。当人们真的准备逮捕持有毒品的人时，他就说：你看，我身边什么都没有——我把它们都卖掉了。

芒格：回到哈佛、耶鲁、普林斯顿，这些伟大的研究机构最初被创立起来所用的经费，就来源于向中国人出售鸦片所得的利润。卖鸦片给别人，这绝不是赚钱的好方法，这是很糟糕的赚钱方式。

李录：感谢上帝，英国人进化了。

跨学科思考让你更理性、更广博

施宏俊： 中国的很多读者都很关注——刚才查理也说到了——终身学习。《穷查理宝典》中提出了终身学习很重要的一个方式，就是建立多元思维模型。我们都在实践，也都在思考怎么能够学得更好。但往往还是会有些困惑。像一些工作了十年的年轻人，他可能就不知道如何入手去掌握模型，让自己持续进步。

芒格： 认为所有的知识都局限在你所在的领域之内，是一个巨大的错误想法。在你的专业领域之外，还有很多其他的知识。知道这一点之后，要做的很简单，就是去学习其他学科的主要思想，然后尝试将新知识与你已经拥有的知识相结合。就这两个步骤。

李录： 第二步的练习往往不是那么容易。你必须要真的懂，才能够在另一个领域实践新的知识。

芒格： 所有的知识必须连贯一致。

李录： 没错，所有的知识必须连贯一致，构成一个完整的系统。

芒格： 在深入思考一个主题的过程中，你需要从两种不同的理念间找到关联，从而成为一个更广博、更聪明的人。学术界不一定教这些，因为他们区分小学科，让老师们通过越来越多地了解"细分"学科的知识来获得成功。老师们也同样以他们所理解的方式教导学生们。这是一个错误。中国的学者们可以通过更多的跨学科思维来做研究，并领先于世界的其他地区。

施宏俊： 2019年时我们采访过查理。2020年，李录先生的《文明、现代化、价值投资与中国》在中国出版。这本书与《穷查理宝典》一样，在中国也是畅销书，卖了近30万册。李录是您的学生，我想问查理，如果让中国的年轻人来学习李录，且只学一点的话，应该学他的什么？

芒格： 李录到美国的时候，一个英语单词都不会，他在一个煤矿家庭长大。到如今，他真的走了很长一段路。他成功了。他受的教育对他很有用。

施宏俊： 我们很荣幸能够用您的名字来命名芒格书院。芒格书院现在聚集了很多人，都是您的追随者，都在努力实践多元思维模型，大家希望能做到终身学习——而不仅仅是要挣钱。真诚希望芒格先生能给芒格书院的同学们说几句寄语。

芒格： 当然，我很乐意。我喜欢你们传播我所信仰的理念。

从本质上讲，你必须更相信理性主义，更相信人类思维的合理运作，而不是其他任何东西。你应该致力于为每个问题找到正确的答案。就这么简单。你想要正确的答案，而不是错误的答案。你成为了一个更有思想的人，就更有可能得到正确的答案。这是每个人都应该努力做到的。在竞争中，你也许会失败，但你也许会像本·富兰克林一样，没有限制地走得很远，取得很多的成就。在市场经济的制度之下，人们可以借由努力脱颖而出，而不需要依附父母的关系来取得社会地位。

芒格的精神遗产

施宏俊： 您取得了很多的成就，您认为自己为世界留下来的最重要的精神遗产将是什么？

芒格： 嗯，我倒不是特意想留下什么。但我想，如果人们能秉持合作的态度，那将是正确的前进道路。

　　企业拥有正确的道德，向他人出售有利的东西，而非不利之物。人们都保有礼貌，不同的种族相互之间和谐相处。同时，世界上大部分地区进行着自由贸易——当然，每个国家都可以保护一些行业。此外，我们大家都花一部分时间和金钱来帮助那些不太幸运的人。如果所有这些事情都在发生，世界将运转得很好。

李录： 我想有几大思想是我几乎可以肯定将会成为您在中国的精神遗产。一是终身学习的传统，这在一定程度上要归功于孔子。

芒格： 还不够，你必须加上科学和工程才完整。

李录： 没错。我想这个传统在今天仍然有意义。它给了我们信心——你不必偷工减料，你可以通过正直的方式取得经济上的独立。

芒格： 例如，像美的这样的中国好公司，他们就没有偷工减料。它努力为自己的顾客服务，让自己生产的电器持续工作很长时间。

李录： 另一大思想就是基于常识的普世智慧。

芒格： 是的，当然。你会喜欢这点。

李录： 确实如此，这是我最喜欢的想法之一。你说的常识往往不是人们通常的"共识"。要获得常识，需要建立在多元思维模型上的普世智慧。

芒格：是的，就像本·富兰克林一样。富兰克林在中国将变得更加重要。

李录：他变得越来越重要，部分原因或许是因为您是他的崇拜者。很多时候思想的传播需要人们的推动。在中国，芒格主义的传播，部分是因为施先生——他是《穷查理宝典》的出版人，也是芒格书院的创始人，此外还有我们所有人的努力。您的思想真的对社会产生了相当多的积极影响。未来的几十年，我都会继续这样做下去。您提到的富兰克林，他也有许多智慧，值得更多的人去学习。

芒格：他曾经很穷，后来变成了富人。17岁在费城时，他的口袋里只有几便士，又穷又饿。他就像是一个逃亡的奴隶，住在一个陌生的城市，也没有受过多少正规教育。但你看看他是如何一步步在生活中崛起的。

李录：他是美国最重要的科学家、最重要的发明家和最重要的制度建设者。

芒格：也是作家。

李录：对，最重要的作家，而且实现了经济自由。

芒格：他是个成功的资本家。他和孔子一样，坚定地相信礼。

李录：正是如此。他也是唯一一个设计所有重要文件的人，这些文件构成了美国的根基。他也是当时最重要的外交官和政治家。他一个人取得了无比卓著的成就。

芒格：一个从生活低处开始奋斗的人。

李录：我非常钦佩他。一开始我了解他，是因为他得到了您的高度认可。我读到关于他的书越多——现在我可能已经仔细阅读了七八本关于他的书——我学到的就越多。真的永远不会对发现新事物感到厌倦。就像《穷查理宝典》，和许多中国人一样，我已经读了几十遍了，每次看完都会有新的体会。

每一项成功的投资都是价值投资

魏宏图： 李录先生为《穷查理宝典》写的序言深深地感动了我。他本来就是我少年时代的英雄。读完以后我开始改造自己。2015年我把公司彻底关闭了，在家读书，一直到现在有近十年了。今天我已经是一个笃信价值投资、并在中国实践价值投资的人。感谢芒格先生和李录先生传授给我们这些理念，让我度过了特别幸福的十年。我还将自己的居所取名为三避堂，意思是避虚名、避贪图、避是非。

在施老师的帮助下，我还完成了第一本以价值投资理念为指导的书，研究的是艺术品投资的问题。

芒格： 我祝愿你在艺术投资上取得成功。

李录： 真的有很多人因为这本书而改变了他们的生活。魏宏图读了这本书以后，关掉了他原来很成功的公司。这之后那个行业疾驰的时代结束了，而他避开了业务的萎缩，通过学习价值投资成为了一名投资人，赚了更多的钱。他现在生活得十分幸福快乐。他的人生故事是一个很好的例子。他也是您那幅士人像的策划人——画中您穿着中国传统的长衫，看着就像是现代的孔子。他请画家画完以后，委托我交给您的。

我还有一个在上海的员工，蒋志刚。他是您的大号粉丝，也常在芒格书院协助工作。这次他也想来拜访您，向您表达他的敬意。

芒格： 请吧！

蒋志刚：很高兴来到这里。我为李先生工作5年了，参与北大价值投资课程也已经8年了——起初我是一名学生，现在我担任课程的助教。我代表许多年轻的中国学生，向您致敬。您就是榜样，我们将遵循您的思想和理念。

芒格：这些思想并不完全是我的原创，是我内化了它们。价值投资的世界就是这么简单。所有好的投资都是价值投资，因为你想在证券市场上获得比你的付出更多的价值。因此，就其定义而言，每一项成功的投资都是价值投资。就是这样，很简单，但很难做到，很难知道要买哪一只"股票"。

李录：绝不容易，我们要做很多很多的训练与实践，但这条道路是非常清晰的。最后我们都来拍一张合照吧，今天真的太棒了！

查理·芒格与芒格书院一行合影

Buffett@1962

陈蔚文

跟师巴菲特｜2022 芒格书院价值投资征文大赛一等奖作者

投资绕不过巴菲特，和他有关的书估计有百十本，文章更是不计其数，还有什么是大家不知道的呢？

某天晚上，我收到一位热爱投资的朋友发来的一张图片。

费了好大一会儿劲，才从密密麻麻的英文和数字中看出，这是巴菲特的合伙基金在1962年12月31日的持股明细（请见下页图）。

起初还不敢完全确定，英语手写体辨认起来比较吃力。有的就算能看清，比如BCP、LNC、TNP，但自己对这些公司并不熟悉，无法和巴菲特的持仓联系上。右下角的签名也认不出来，怎么能确认这就是股神的投资呢？

只能把1962年那段时间巴菲特写给合伙人的信找出来，希望有一些地方可以对上。与当时相关的信有四封，都提到了登普斯特风车制造公司（Dempster Mill Manufacturing Company），再对照这张图。找到

巴菲特合伙基金在 1962 年 12 月 31 日的持股明细

了！44 177 股，Dempster，每股 51.26 美元，金额 2 264 513.02 美元，和合伙人信上的数字分毫不差（见左图 1）。

在朋友的提醒下，接着辨认出伯克希尔（Berkshire），30 952 股，每股 7 又 9/16 美元，金额 234 074.5 美元（见左图 2）。

于是我对这张天书般的图片信心大增，对破解巴菲特当年持仓的兴趣也随之大增。接下来的几个晚上基本就是在电脑和台灯前度过的。

身边的一些朋友觉得更应该学习股神这个时候的投资思路。那时巴菲特 32 岁，已是百万富翁。早年他管的钱还没那么庞大，也是刚刚起步，可以借鉴的地方比现在要多。巴菲特自己也在不同场合说过，如果时间回到从前，还是管理几百万美元资金的话，他的收益率会更好。读史使人明智，让我们穿越回六十年前，看看 1962 年时的巴菲特是怎么做的。

1962 年时的巴菲特

巴菲特在恩师格雷厄姆的基金公司格雷厄姆 – 纽曼公司（Graham-Newman Corporation）工作不到两年，格雷厄姆决定退休。巴菲特于是回到家乡奥马哈，开始了七年之久的居家办公。从募集资金到客户沟通、从筛选标的到填写税单，所有事情他一肩挑。管理规模从 1956 年的 105 100 美元、3 个合伙人账户，到 1962 年初合伙基金净资产 700 多万美元、11 个账户、近百名投资人。这时，他才把办公室从家里二楼搬到基威特广场（Kiewit Plaza），以后就一直在这栋楼里办公，堪称"官不修衙"。

1962年1月1日，巴菲特把所有合伙账户合并到一个实体，名字由巴菲特联合公司（Buffett Associates）改为巴菲特有限责任合伙公司（Buffett Partnership, Ltd.），由当时的信函抬头可以看到新名字、新地址、新电话和新团队。

这一年，市场发生了剧烈的变化，算是那段"沸腾岁月"里风起潮涌的一幕。同名书籍《沸腾岁月》2006年中文版的封面上就赫然写道："20世纪60年代，美国股市狂飙突进，崩盘与兴起并存的10年！"

那时猫王还在，梦露已香消玉殒。一年后将遇刺的肯尼迪总统忙着处理古巴导弹危机，这是"二战"以来美国所遇到的最大威胁——苏联为了应对美国在意大利和土耳其设置的导弹，准备在古巴部署核弹头。同年10月底，美苏和解，导弹危机解除，不过继续在太空和越南角力。

当时的成长股大牛IBM股价已腰斩，小市值概念股价格下跌90%，新公司炒作上市后跌破发行价。[1]（是不是感觉有些熟悉？）巴菲特在信中对这些一字未提，只云淡风轻地说了一句："道琼斯指数从年初的731点，年中时最低跌到535点，年底收于652点。"在指数几乎是全年最低的6月，巴菲特接受了一次采访，当被问及应如何看待市场的波动时，三十而立的他气定神闲。这也是目前能找到的他本人最早的视频资料。[2]

在1962年的熊市行情下，巴菲特取得了14%的回报，大幅战胜市场。这是怎么做到的呢？巴菲特经常说的一句话是"不要听我怎么说，而是要看我怎么做"，那就让我们看看他当年的持仓。

BUFFETT PARTNERSHIP, LTD.
810 KIEWIT PLAZA
OMAHA 31, NEBRASKA
TELEPHONE 346-4110

WARREN E. BUFFETT, GENERAL PARTNER
WILLIAM SCOTT

January 24, 1962

1962年1月1日，巴菲特把所有合伙账户合并到一个实体，名字由巴菲特联合公司(Buffett Associates)改为巴菲特有限责任合伙公司(Buffett Partnership, Ltd.)

安德鲁·基尔帕特里克(Andrew Kilpatrick)编纂的《永恒的价值：投资天才沃伦·巴菲特传》(Of Permanent Value: The Story of Warren Buffett)

1962年时的持仓

这张持股明细最早出现在安德鲁·基尔帕特里克编纂的《永恒的价值：投资天才沃伦·巴菲特传》一书中。这本书信息量巨大，2020年的英文版重达4.2公斤，阅读它在体力和翻译上都是个挑战。之前每年会有更新，后因为疫情暂时中断。

这张图在博客、推特和红迪网（Reddit）上也被贴出来，bovinebear 和 sdinvest 两位博主对其中一些公司有不错的分析。[3] 我将其中已知的持仓标注如下。

Buffett Partnership Ltd.
12/31/62

Alco	Kratter
	Leh Coal & Nav
	LNC
Avoca	
Berkshire	Maracaibo
BS & B	Merchants National
BCP	Properties
	No. European Oil
Crane	
Dempster	Plymouth Oil
	St. Paul Fire
	Stranrock
Getty Oil	TNP
Grinnell	
Hartford Fire	United Artists
Houston Oil	
INA	Vermont Marble
Jeddo-Highland Coal	Young Spring & Wire Corp

Bill Scott

当这张持股明细的真实性得到确认后,我不禁感叹,这竟是一个人的工作量!这得要多大的专注、热爱甚至牺牲啊。就算是再苛求的投资人看到这份持仓和业绩,估计也得心悦诚服。当时巴菲特基金的管理规模是 900 多万美元,投资于 54 家公司,其中 4 家做空。要知道现在伯克希尔有数千亿规模股票投资,也就是持有 50 家公司左右,且没有空头头寸。

那么,巴菲特 1962 年时怎么会投资如此多的公司?我们耳熟能详的集中投资和不做空呢?学习巴菲特,往往是从读他写给投资人的信开始的。在 1957 年到 1962 年的信中他只谈到过三家公司,分别是联合信托公司(Commonwealth Trust,见 1959 年 2 月信)、桑伯恩地图(Sanborn Map,见 1961 年 1 月信)和登普斯特农具机械制造公司(1962 年的四封信中均有提及)。这三家公司都已经被巴菲特迷们考古得相当透彻,在他的两本传记和一些书籍中也都有详细的介绍。加上巴菲特后来一直倡导集中投资、长期投资,以及打"20 个孔"等等,会给人一种印象:他的持仓公司数目不会太多。

当我带着疑问再回看那时的信,一些之前忽略的地方才被重新注意。实际上巴菲特在 1962 年的信中告知了他年初持仓的公司数超过 40 家,年末有 34 万美元的空头仓位。考虑到这一年整体市场的下跌,估计他又在"别人恐惧时贪婪"起来,新买入了一些公司。股神并没有藏着掖着,是我自己看得不细。

在所有投资大师中,有关巴菲特的资料应该是最全面的,有股东信、股东大会问答、采访、演讲、文章、书籍、持仓记录等等,时间跨度也最长，很多地方可以交叉验证。同时他对知识的诚实、对名誉的珍视也让我们读他写的东西时最放心，相信巴老诚不欺我。在 1962 年的信中，巴菲特首次把他的投资分为三个类型。

第一类"控制"。在这类公司中他拥有控股权，可推动甚至决定有利于股东的公司决策，比如分红、回购、清算等。联合信托、桑伯恩地图和登普斯特三个经典案例就属于这一类：一开始买是因为便宜，而后持续买入成为大股东，继而进入董事会乃至实现控股。不过控制并不等于长期投资，之后还是会卖掉。

第二类"套利"。机会主要来自公司出售、并购、重组、分拆等等。巴菲特每年进行 10—15 个套利，因为确定性比较高，会考虑借一部分钱（不超过总持仓的 25%）来操作。当时大型综合石油公司的收购过程中就存在不少套利机会。

第三类"低估"。因为便宜买入，股价上涨后卖出。那时巴菲特对这类持仓基本是涨 50% 就卖，然后继续找另一家。

前两类投资往往不受市场大势的影响，有助于基金业绩跑赢指数。回看当时的市场环境，他的持仓可能接近最优解。

（一）"控制"类：登普斯特后无来者

在 1962 年的持股明细中，第一大重仓股（占比 21%）就是登普斯特。这家公司于 1878 年成立，主要生产风车和水泵用于灌溉。后来随着电网的广泛覆盖，电泵的优势越发明显，公司的主营业务逐年下降，股票无人问津，股价远低于资产价值。巴菲特从 1956 年开始买入，一年后进入董事会,到 1961 年 8 月持股达到 73%,妥妥的大股东。

但巴菲特和原管理层对很多问题的看法都无法达成一致。一筹莫展中,1962 年,芒格介绍了一位猛人哈里·博特尔(Harry Bottle)来担任新总裁。

哈里曾是"二战"老兵,复员后经营一家会计师事务所。被委以重任后,他立即开始清库存、偿债务、砍费用、关公司(关了五家不赚钱的分公司,留了三家)、裁冗员等一系列大刀阔斧的行动,从而使企业的资产负债表结构发生了很大变化,公司的估值得到显著提升。详细数据见下表。

(单位:千美元)	1961/11/30	1962/11/30	1963/11/30
现金	166	60	144
有价证券		758	1772
存货	4203	1634	977
厂房设备	1383	945	872
……			
资产合计	6919	4423	5101
负债合计	2318	346	519
净资产	4601	4077	4582
可快速变现净资产	2120	3125	4028
调整后每股价值	35.25 美元	51.26 美元	64.81 美元

数据来源:巴菲特致合伙人的信

巴菲特对哈里从来不吝赞美之词,将他比喻成英雄,说再有类似的情况还要找他来帮忙。不过下一次哈里再出现在巴菲特的信里要到 24

年后了。不是因为哈里没空，或是二人之间出了什么问题，而是巴菲特对这种需要介入公司治理的"控制"类投资机会避而远之了。

登普斯特的投资最终结果不错（每股平均买入价 28 美元，后以 80 美元卖出，总共盈利 230 万美元），但价值变现的整个过程并不顺利。炒掉原总裁就让巴菲特很头痛，哈里推行的减员增效更受到了原管理层和当地居民、媒体的大力抵制。当时全镇的人都用憎恨的眼光看着巴菲特，认为他就是黑心资本家、冷酷的清算人，并发起保厂筹款等行动。极为爱惜羽毛的处女座巴菲特觉得非常委屈，心想要是没有他，这家公司早就破产了，但没人买他的账。

如果巴菲特按照登普斯特这个打法继续下去，估计他的口碑比那些奉行积极主动投资的"金融大鳄"和"华尔街之狼"好不到哪去。

但股神走了另外一条路：以合理的价格买入好公司，同时承诺除非特殊情况，不会卖掉收购来的公司，并会留用原来的管理层。这一切可能都和巴菲特这次的痛苦经历有关。对他而言，登普斯特算是前无古人、后无来者了。

（二）"套利"类：TNP 及一众石油公司

这门手艺来自格雷厄姆亲传。巴菲特刚入职就把老师所管的基金自 1926 年到 50 年代所有的套利操作都看了一遍，发现套利回报率的确定性高，且不易受宏观及市场的影响。如果交易时间可控，年化回报可以超越指数。TNP，全称德州国民石油公司（Texas National Petroleum），1962 年 4 月时公告将被加州联合石油（Union Oil of California）收购，要约价高于市场价,存在套利机会。巴菲特随即买入 TNP 的债券、普通股和认股权证,年末持仓总金额 561 333 美元,占合伙基金的 6%,位列第四。该投资在 1964 年致合伙人信的附录中有详细介绍。

	条款	巴菲特合伙基金
债券	利息 6.5%,赎回价 104.25 美元 (当时价格 98.78 美元),流通债券 650 万美元	买入 26.4 万美元, 占比流通债券 4%
普通股	每股清算价 7.42 美元 (当时价格 6.69 美元),370 万普通股, 管理层持股 40%	买入 64 035 股, 占比普通股 1.7%
认股权证	以每股 3.5 美元买入股票的认股权证 (当时价格 3.19 美元),共 650 000 份	买入 83 200 份, 占认股权证 12.8%

并购套利一般有两大不确定要素:交易能否获批;交易完成时间不定。完成并购需要有被收购方、收购方和监管层的三方批准。

被收购方 TNP 的管理层持股 40%,收购方加州联合石油过往一直买买买;且当时该类型的兼并收购很多,法规和监管的问题不大。这就排除了第一个不确定因素,并购可以获批。

这笔 TNP 投资从公告到最后交易结束,虽然中间有些税务方面的周折,但最终在五个月内完成,年化投资回报率达到 22%,同期道指下跌 10%。

1960 年以中东为首的欧佩克(OPEC)正式成立后,石油行业酝酿巨变。当时美国中西部的石油和天然气公司发生了很多起收购和重组。巴菲特每天认真地读着报纸和油气相关行业杂志,勤勤恳恳地寻找投资机会。他只在公司对外公告后才开始进行套利操作,绝不根据小道消息来做投资决定。持股明细中的众多石油公司(Getty Oil, Houston Oil,

Maracaibo Oil, No. European Oil, Plymouth Oil）估计就属于这个类型。

股神对套利轻车熟路，乐此不疲。2022 年他还因为动视暴雪将被微软收购，在公告后加仓暴雪。

无他，唯技熟尔。

（三）"低估"类公司

持股明细上的"低估"类公司分布在各行各业：煤炭、铁路、地产、制造业等等，以美国为主，也有几家加拿大公司。因为种种原因，比如销售停滞、官司缠身、前景无望等，公司的交易价格远远没有体现其内在价值，有的甚至低于清算价值。

这些公司显然不是热门公司，不受人关注也没有人会主动告诉你。巴菲特就是按照格雷厄姆所教的方法，夜以继日地通过翻阅《穆迪手册》（Moody's Manual）等，来发掘这些烟蒂。下面是相关公司的简况。

Alco，全称美国机车公司（American Locomotive Company），1872 年成立，主要生产火车头，销售额逐年下降。1962 年底巴菲特持仓 4800 股，每股 19.875 美元，合计 95 400 美元，占合伙基金的 1%。在《证券分析》第一版中格雷厄姆就写道，这家公司的股价比每股现金还低[4]，好学生巴菲特深谙"书中自有黄金屋"。

BCP，全称大不列颠哥伦比亚电力公司（British Columbia Power），这是一家加拿大公司，和当地政府因为子公司的收购价格打了好几年官司。具有丰富法律专业知识的芒格非常看好这个机会，不仅自己融资 300 万全仓买入，还推荐给一见如故的巴菲特。[5] 两人自 1959 年见面后经常交流投资心得。巴菲特年末持有 60 035 股 BCP，每股 18.375 美元，占合伙基金 11%，为第二重仓股。可见他们之间的相互信任！

Berkshire，就是后来大名鼎鼎的伯克希尔。最早由朋友丹尼尔·科文（Daniel Cowin）发现。丹尼尔在纽约一家名叫赫特尔曼（Hettleman）的小经纪行工作，专门投资资产规模数百万美元的公司。[6]像这样的朋友巴菲特有好几位，比较有名的包括比尔·鲁安（Bill Ruane，曾介绍费雪给巴菲特[7]）、桑迪·戈特斯曼（Sandy Gottesman）等等。大家要么是大学同学、要么是格雷厄姆的学生，彼此理念相近，也互相分享、共同富裕。1962 年 11 月，巴菲特第一次买入伯克希尔，当时每股 7.5625 美元（想想如今的股价），之后两年持续买入，由"低估"变成"控制"。但伯克希尔没有成为登普斯特等公司的翻版，而是走上一条完全不同的道路，成为投资世界的传奇。

BS&B，全称布莱克、西瓦尔斯和布赖森公司（Black, Sivalls & Bryson, Inc.），主要生产油气和化工行业设备。1961 年底每股净流动资产（流动资产减所有负债）24.25 美元，同时公司在密苏里州、俄克拉荷马州和得克萨斯州都拥有房地产。巴菲特持有该公司 13 353 股，每股 13.31 美元，存在安全边际。

Crane，生产管阀产品，至今仍存在，股票代码是 CR。巴菲特持有 4850 股，每股 42.25 美元，合计 204 912.5 美元，占合伙基金的 2%。

Grinnel，主要生产消防喷头和警报器。因为反垄断，政府和 Grinnel 官司一路打到最高法院，最终公司败诉，被要求剥离出 ADT 和其他两家子公司。巴菲特持有共 3727.48 股，每股 74.5 美元，合计 277 697.26

美元，占合伙基金的 2.8%。在第三版和第四版《证券分析》中，格雷厄姆对这家公司有比较详细的介绍。[8]

　　Leh Coal & Nav，全称利哈伊煤炭与航运公司（Lehigh Coal & Navigation Company），顾名思义有煤矿和铁路两块业务。煤矿一直亏损，铁路租给另外一家公司运营，而承租方的一大部分业务是为出租方的那个亏损的煤矿运煤。公司于 1962 年重组，《证券分析》第二版中有所介绍。[9]

　　Stanrock，全称斯坦罗克铀业公司（Stanrock Uranium Ltd.），是加拿大的一家铀矿公司。当时铀矿行业遭受重创，采矿公司纷纷破产，其中也包括 Stanrock。巴菲特可能在资产清算过程中发现了机会，低价买入债券 496 260 美元，占合伙基金 5%。

　　Young Spring & Wire Corp.，生产汽车弹簧和电子配件，过往两年亏损导致股价低迷。公司无负债，每股净资产 48.36 美元。巴菲特持股均价 25.5 美元，合计 19 165 股，488 707 美元，占合伙基金 5%。第四版《证券分析》对这家公司有所提及。[10]

　　同为格雷厄姆弟子的沃尔特·施洛斯（Walter Schloss），一直专注于这些低估类机会，往往是买入几十家公司分散投资，而后耐心等待。格雷厄姆在书中写道，这往往需要"一年半到两年半的时间"。[11] 为了还之前在登普斯特上所欠的人情，巴菲特把自己持仓的五家公司股票以现价卖给施洛斯，其中包括 Jeddo-Highland Coal, Merchants National Properties, Vermont Marble, Genessee & Wyoming Railroad。[12] 施洛斯管理的基金在 1962 年的回报达到 11%，也跑赢大市，说明格雷厄姆的这套方法在当时非常管用。《证券分析》和《聪明的投资者》这两本书感觉就是格雷厄姆弟子们的股票池。

不过这种低估值公司到后来越来越难找,这帮助我进一步理解了巴菲特20世纪60年代中后期投资标的的选择,以及最终解散合伙基金的决定。股神重仓伯克希尔,除了怀着每股0.125美元之差所导致的怒火外[13],估计也和当时的投资环境、投资机会息息相关。

(四)做空

除了控制、套利、低估这三大类外,1962年巴菲特还做空四家公司,其中三家是保险公司。INA就是现在家喻户晓的信诺保险(CIGNA)的前身,Hartford Fire这家公司也仍然存在,拓宽了业务线后名字简化成哈特福德(Hartford)。巴菲特认为它们和St. Paul Fire的股价都贵了。

另外一家被做空的公司Kratter,经营房地产,股神觉得其财务报表有问题,有虚增利润和推高估值之嫌,便投稿至《巴伦周刊》,刊登在1962年12月24日那期的第12页。不过巴菲特和芒格后来都对做空敬而远之。

	做空股数	价格(美元)	金额(美元)
Hartford Fire	2300	68.125	156 687.5
Insurance Company of North America(INA)	1000	94.5	94 500
St.Paul Fire	200	57.625	11 525
Kratter	5000	15.5	77 500

(五)比尔·斯科特

这张持股明细的签名者比尔·斯科特（Bill Scott），是巴菲特合伙基金录用的第一位员工。比尔之前在美国国民银行（U.S. National Bank）工作，因为看到巴菲特发表在《商业与金融纪事》（Commercial & Financial Chronicle）上的一篇文章，就报名参加了巴菲特的夜校投资课。两人经常聊股票，聊着聊着，比尔就到巴菲特那里上班了，起初是协助处理登普斯特的库存，后来负责债券投资。

比尔和他夫人的名字也经常出现在巴菲特写给投资人的信中，除了赞扬比尔的工作外，提及最多的是他们把家中的钱全投资在合伙基金里。事实证明这也是非常明智的选择。

比尔比巴菲特小不到一个月，六十多岁时退休。投资伯克希尔让他成为了亿万富翁，他们夫妇也签署了将所有财产捐献给慈善事业的承诺。

这张持股明细还有很多地方值得解读，篇幅有限，暂告一段落。对我而言，这张明细最大的价值之一就是还原了股神在 1962 年时的真实持仓，以史为鉴，补充说明了很多情况。通过投资这些公司的摸爬滚打，巴菲特打下了极其坚实的基础，为后来成为伯克希尔的大股东完成了资本积累，结交了一批志同道合的朋友，并在实践中逐步进化自己的投资理念，终成一代宗师。

1962 年至今，变与不变

1962 年，芒格从原律所出来成立了投资合伙公司，满仓加杠杆买入

BCP，年收益率 30%。

那一年，巴菲特到洛杉矶拜访费雪，和十多年前的那次盖可保险之行类似，未约先至。[14] 这之前，费雪名著《怎样选择成长股》（*Common Stocks and Uncommon Profits and Other Writings*）已于 1958 年出版。

那一年，《证券分析》第四版问市，这也是格雷厄姆亲自修订的最后一版，对了解当时的市场和公司很有帮助。三年后，《聪明的投资者》第三版完稿。如果仔细比较，可以发现，巴菲特当时的文字风格和老师的这两本书在一些地方非常相近。

而巴菲特在 1962 年的持股理念更是明显师承格雷厄姆，但之后他不囿于已有框架，破茧成蝶。这里面确实有芒格和费雪的影响，但更多来自他本人孜孜不倦的学习，以及对于价值的深刻理解。随后，1963 年他买入美国运通，1967 年收购第一家保险公司国民赔偿保险公司（National Indemnity），1972 年收购喜诗糖果……巴菲特既恪守原则又与时俱进，逐渐从强调定量分析转变到同时注重定性分析，从计算资产清算价值到关注企业盈利能力（Earning Power），从着眼有形资产到看重无形资产，从及时落袋为安到践行长期投资。如果将巴菲特 1962 年的持股和伯克希尔最新的 13F 放在一起对比，很难相信这竟出自同一人之手。他的变化让人惊叹，他的勤勉、开放和乐观让人敬佩。

惊人的专注和进取心，让巴菲特得以超越他的老师格雷厄姆。开阔的视野、格局和朋友圈，让他没有成为另一个施洛斯。同时他更有足够的耐心，把"不亏钱"深深地刻在骨子里，得以避免了同时代一些投资大师晚年收官之战的滑铁卢。

从 1962 年到 2022 年，巴菲特又添了一甲子的功力。不管你喜欢三十多岁时的巴菲特，还是后来的股神，把时间花在了解他和他的投资上永远会有新的收获。巴菲特的智慧不仅限于股票投资，他有太多的地方值得我们学习。

学习他对安全边际和能力圈的坚守，他骨子里对资本永久性损失的厌恶，时刻记得投资的第一和第二原则都是"永远不要亏钱"。

学习他不断积累知识、形成复利的能力。从 7 岁向邻居兜售瓶装可乐汽水，到快 60 岁时买入大量可乐股票，之后一股未卖；从 11 岁买入三股城市服务（Cities Service）优先股[15]，到 92 岁重仓西方石油（西方石油在 1983 年以 38 亿美元收购城市服务）；从 20 岁第一次调研盖可到 65 岁时将盖可全部买下，打造成了可能是宇宙最强的保险集团……他对保险、报纸、铁路等行业的兴趣和理解贯穿一生。

学习他选择朋友的能力及对待朋友的坦诚。他和芒格之间的信任和理解让人感动，他们破解了长寿和财富的密码。

学习他向世界传道解惑、无私分享的精神。授人以鱼，也授之以渔。也学习他面对困境的态度。

在他的传记《滚雪球》中记载了这么一个故事[16]，这里借之用于收尾。

1962 年巴菲特曾去了一次纽约募资，市场下行，正是买入的机会。他打算把邻居、也是多年后任可口可乐总裁的唐·基奥（Don Keough）发展成自己的基金客户。

一开始他对基奥说，只需要投资 25 000 美元就行，但对方没答应。

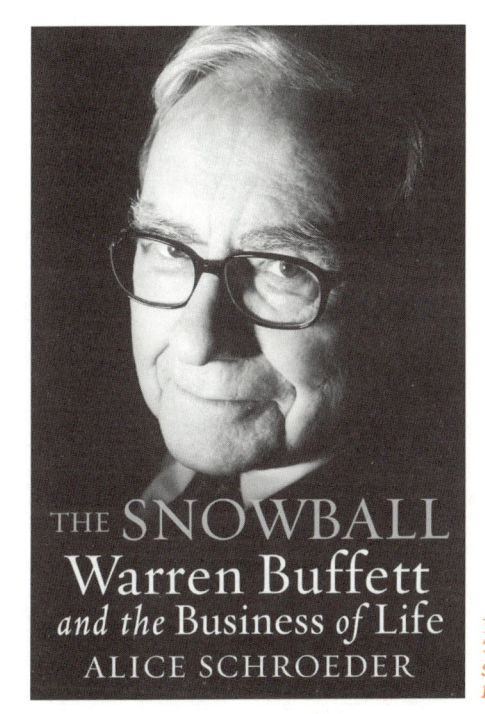

艾丽斯·施罗德(Alice Schroeder)撰写的巴菲特的传记《滚雪球》(*The Snowball: Warren Buffett and the Business of Life*)

接着巴菲特把投资额降到 10 000 美元、5000 美元，最后甚至考虑是否要降到 2500 美元。

巴菲特最后一次登门拜访基奥一家的时候，不管怎么按门铃、敲门，都没有人回应。尽管他很确定基奥家里有人，但漆黑一片的房子表达了对方的拒绝。那是 1962 年 6 月 21 日的晚上，股市接近当年的最低点，那一刻的情景，巴菲特历历在目。

我想，每个人可能都有这样的一个黑暗时刻。巴菲特那时已经身家百万、事业有成，尚且如此，何况在路上的我们。

注释

1. Benjamin Graham, 1965, *The Intelligent Investor*, New York: Harper & Row Publishers, p.99, p.122.

2. 可参见 https://www.bilibili.com/video/BV1qq4y1y7nJ?spm_id_from=333.337.search-card. all.click&vd_source=b8a0c98fdaa45445a1cc1be3d75ccb7d。

3. 在此向 J. C. 和其他巴菲特爱好者们表示感谢，没有大家的帮助，我是无法辨别并确认这些公司的。

4. Benjamin Graham, 1934, *Security Analysis*, New York: The McGraw-Hill Companies, p.673.

5. Alice Schroeder, 2008, *The Snowball*, New York: Bantam Books, p.254.

6. Alice Schroeder, 2008, *The Snowball*, New York: Bantam Books, p.219.

7. Alice Schroeder, 2008, *The Snowball*, New York: Bantam Books, p.867.

8. Benjamin Graham, 1951, *Security Analysis*, New York: The McGraw-Hill Companies, p.487, p.692.

9. Benjamin Graham, 1940, *Security Analysis*, New York: The McGraw-Hill Companies, p.443.

10. Benjamin Graham, 1962, *Security Analysis*, New York: The McGraw-Hill Companies, p.469.

11. Benjamin Graham, 1949, *The Intelligent Investor*, New York: Harper & Row Publishers, p.39.

12. Alice Schroeder, 2008, *The Snowball*, New York: Bantam Books, p.246.

13. Alice Schroeder, 2008, *The Snowball*, New York: Bantam Books, p.273.

14. 参见 2004 年伯克希尔股东会的第 19 个问题，是关于费雪的。

15. 《证券分析》六个版本中有五版都对城市服务有所介绍，或长或短都很有意思。

16. Alice Schroeder, 2008, *The Snowball*, New York: Bantam Books, p.16.

参考文献

巴菲特历年致股东的信和历年股东大会问答。

Benjamin Graham, 1934, 1940, 1951, 1962, *Security Analysis*, New York: The McGraw-Hill Companies.

Benjamin Graham, 1965, *The Intelligent Investor*, New York: Harper & Row Publishers.

Alice Schroeder, 2008, *The Snowball*, New York: Bantam Books.

Andrew Kilpatrick, 2001, *Of Permanent Value: The Story of Warren Buffett*, New York: The McGraw-Hill Companies.

［美］艾丽斯·施罗德：《滚雪球：巴菲特和他的财富人生》，中信出版集团 2009 年版。

［美］罗杰·洛温斯坦：《巴菲特传：一个美国资本家的成长》，中信出版集团 2013 年版。

唐朝：《巴芒演义：可复制的价值投资》，中国经济出版社 2020 年版。

［美］陆晔飞：《巴菲特的估值逻辑：20 个投资案例深入复盘》，机械工业出版社 2017 年版。

［美］约翰·特雷恩：《金钱的主人》，江苏人民出版社 1999 年版。

［美］威廉·曼彻斯特：《光荣与梦想：1932—1972 年美国叙事史》，中信出版集团 2015 年版。

［美］约翰·布鲁克斯：《沸腾的岁月》，中信出版集团 2006 年版。

［美］丹尼尔·耶金：《奖赏：石油、金钱与权力全球大博弈》，中信出版集团 2016 年版。

［美］珍妮特·洛尔：《查理·芒格传》，中国人民大学出版社 2021 年版。

西科金融公司简史

施宏俊

WESCO FINANCIAL CORPORATION

收购西科金融公司是伯克希尔·哈撒韦扩展业务版图的重要一步，研究西科金融一步步成为伯克希尔全资子公司的历程，对于分析巴芒投资策略有重要参考意义。基于《芒格之道》上编收录的芒格在西科金融公司股东会上的讲话，以及巴菲特的传记和股东会讲话，能梳理出1987年前西科金融公司的发展历程，并见出巴菲特和芒格在经营公司和为人处世方面的智慧。

危机中的美国

20 世纪 70 年代的美国，遇到了一些新问题。

"二战"后，美国突飞猛进，但后来却深陷越战泥潭，不仅利用当地的武装力量，还大举派了很多特种兵驻扎越南，在越南投入了很多资源。直到 1973 年前后，国内民众反战情绪高涨，美国最终与越南签约，开始撤兵。

此外，水门事件也对美国社会产生了巨大的负面影响——尼克松成为首位因政治丑闻而辞职的美国总统。之后，全球遭遇了更为严重的一个事件：中东石油危机。石油减产导致价格成倍上涨，欧美经济惨遭重创。这也是造成 1973—1974 年经济危机的一个主要原因。美国还遇到一些政治经济方面的冲击。20 世纪 60—70 年代，日本崛起。日本生产的汽车进入了美国市场，导致克莱斯勒、福特等在内的美国汽车品牌亏损严重。就汽车行业而言，日本享受了极大的贸易顺差。另外，在电视机、收音机等电子产品领域，美国也基本把市场让给了日本。在此之前，美国还基本放弃了纺织品市场，绝大多数都依赖进口。所以，贸易逆差问题十分严峻。

显而易见的结果就是，美国 1974 年的标普 500 指数下跌了 26.4%，道琼斯工业指数下跌了 27.57%。对伯克希尔来说，尽管股价下跌了 48.7%，但巴菲特看重的并非股价，而是公司的收益率（伯克希尔 1973 年和 1974 年的收益率分别为 17.4% 和 10.3%）。从经营收益的角度来说，伯克希尔是没有问题的，只是减缓了发展脚步。所以，当时如果选择投资股票，收益幅度会特别大；如果拥有一些企业，收益会更为稳健。

被低估的西科金融

西科金融由鲁道夫·卡斯帕·彼得斯于 1925 年创立，主要经营储贷业务，即所谓的互助储蓄贷款（并非银行，而是类似于银行的金融机构）。经过 30 多年的良好发展，公司于 1959 年上市。那时，鲁道夫的儿子威廉姆斯·彼得斯被派来经营西科金融。后来与巴菲特打交道的则是威廉姆斯的女儿贝蒂·彼得斯。

彼时，贝蒂是西科金融的大股东。公司在帕萨迪纳，但贝蒂一直居住在纳帕，生活重心在打理葡萄园、照顾孩子等事上。公司真正的经营者是路易斯·文森特。在 1989 年西科金融股东会上，芒格谈起文森特，说他以为自己完成股东会正式流程的速度已经够快了，但不曾想到，文森特开股东会的速度更快，他是个从来不愿意浪费半点时间的人。文森特毕业于斯坦福大学，芒格还打趣问过文森特："你上大学时体重不轻，怎么还能成为校乐团的首席小提琴手？"文森特回答，因为他速度很快。在《穷查理宝典》中，芒格也曾引用文森特的一句名言："说真话，你将无须记住你的谎言。"他们两个人交集颇深，芒格也很喜欢文森特这个人。

文森特于 1955 年加入西科金融，在此之前，他在帕萨迪纳做律师，这和芒格的经历很相似。1961 年，文森特就已成为西科金融公司的 CEO。

尽管西科金融发展得还不错，利润等各方面也较为可观，但直到1972年，作为上市公司，西科金融的市值还不到3000万美元，这相当于公司净资产的一半，可见公司成长缓慢。大股东也不耐其烦，他们不参加公司的实际管理，又深觉管理层没有冲劲，因此对公司未来发展没有信心。于是股东们萌生了一个想法——卖掉西科金融公司，或者将它和其他公司合并。

收购西科金融始末

1972年，一位股票经纪人向巴菲特建议，在低价出售的西科金融公司值得购买。巴菲特与芒格讨论后，决定通过控股的蓝筹印花公司，以200万美元买进西科金融公司8%的股份（倒推公司市值为2775万美元）。

但是，1973年1月，西科金融宣布与加州储贷公司圣芭芭拉金融公司合并。巴菲特和芒格认为，并购合约中圣芭芭拉金融的股票被高估了，而西科金融的股票被低估了。对西科金融的股东而言，合并是不公平的。

为了阻止西科金融与圣芭芭拉金融的合并，芒格认为应该继续购买西科金融的股票，以掌握足够的股份。但蓝筹印花需要50%的股份才能控股，巴菲特认为这有风险（根据证券法，对于储贷公司的持股不能超过总股本的20%，不然需要得到美国证券交易委员会的批准），不想继续买下去。但是芒格说服了巴菲特。六周内，蓝筹印花以每股17美元购买了市面上所有的西科金融股票，持有了西科17%的股份。

之后，芒格拜访文森特，想说服他们放弃合并，但文森特不以为然。他认为蓝筹印花有权作为股东对合并投反对票，但最终结果还是要由全体股东的投票决定。

1973年2月8日，芒格给文森特写信，赞扬文森特管理西科金融的方式，认为文森特是他们喜欢的总裁人选，并提出进一步的解决方案。文森特于是向芒格透露，大股东贝蒂才是能够左右并购的关键人物。

于是，芒格派了蓝筹印花CEO唐·科普尔去拜会贝蒂。贝蒂不予理睬。10分钟后，巴菲特给贝蒂打去了电话。恰巧那时，贝蒂刚刚看完乔治·古德曼写的《超级金钱》，好奇书中谈及的这个人是否就是打来电话的沃伦·巴菲特。巴菲特回答道，是的。于是，两人相约24小时后在旧金山机场见面，因为贝蒂有外出的计划。

次日，他们在机场贵宾厅谈了三个小时。贝蒂的母亲在奥马哈长大，因此奥马哈成了他们的共同话题。巴菲特成功说服了贝蒂。贝蒂唯一的疑虑是："如果你不幸发生意外，怎么办？"巴菲特回答道："我的合作伙伴芒格可以掌管伯克希尔，同时可以打理家族的股票。"

之后，巴菲特、芒格和贝蒂三人在帕萨迪纳见了面。贝蒂还带着巴芒去见了她的兄弟们，争取他们的支持。一周后的董事会上，贝蒂召集全体成员来参加董事会，一起投票反对与圣芭芭拉金融的合并。反对并购成功，过程中巴菲特起到了至关重要的作用。

不过在华尔街看来，公司合并对西科金融是有利的。西科金融拒绝合并，此举甚为愚蠢。董事会的投票结果导致西科金融的股票从最高的18美元跌到11美元，巴菲特和芒格因此觉得欠了贝蒂很大的人情。芒格认为，是蓝筹印花的收购把西科与圣芭芭拉的合并搞砸了。这时他们再以低价购入股票，就有趁火打劫之嫌，同时会给贝蒂和文森特留下不好的印象。所以，他们愿意以溢价的方式购买西科的股票。因此，他们降低了收购条件，以每股 17 美元（与圣芭芭拉合并失败前的平均价格）购入西科的股票。

1973 年底，蓝筹印花拥有西科金融 54% 的股份。1974 年，持有股份增长至 64%。之后，蓝筹印花继续买入西科金融的股票，直至 1977 年，股份持有量增长到 80%。此时，彼得斯家族希望巴菲特和芒格不要将股票全部收归。后来到 2011 年，伯克希尔（1983 年时蓝筹印花成为伯克希尔的全资子公司）才收购了西科金融剩余的约 20% 股份。历经三十余年，巴菲特和芒格逐步完成了对西科金融的全部收购。

此次溢价收购引起了美国证券交易委员会的注意。1975 年 2 月，美国证券交易委员会签发传票，全面调查蓝筹印花收购西科金融案。1976 年，证券交易委员会正式起诉蓝筹印花，诉其持续以高于市场的价格买进西科金融的股票，抬高了市场价格，存在黑箱操作。

这时，芒格的律师背景起了很大的作用。他在洛杉矶有一家芒格 - 托尔斯 - 里克肖塞尔律师事务所。在律所冠名合伙人查克·里克肖塞尔的努力下，虽然最终蓝筹印花赔付西科金融股东 11.5 万美元，但此诉讼案并没有留下巴菲特和芒格的案底，对他们未来的投资生涯不会产生负面影响。这也是芒格的律师朋友们为伯克希尔做出贡献的一个案例。

这起事件促成了巴菲特和芒格简化公司股权结构。芒格此前已经结束了惠勒 - 芒格公司，巴菲特也关闭了自己的合伙公司。在重组过程中，蓝筹印花卖出了它在资源资本中的股份，西科与蓝筹进行了合并。多元零售和蓝筹印花都并入了伯克希尔。合并后，芒格占有伯克希尔2%的股份，担任副董事长，年薪5万美元。

38年间百倍增长

收购后，西科金融公司发展如何？1979年，西科金融以1500万美元收购了精密钢材。这家公司最初发展还可以，之后就不尽如人意了。精密钢材公司1978年的税后利润为191.8万美元；到1982年，税后利润仅剩下30万美元；到2002年，总收入才到30万美元。芒格曾说，精密钢材是一家较为稳健的公司，但由于行业原因，后来的发展不太乐观了。

1980年3月，西科金融把除总部大楼之外的互助储贷业务公司的全部资产卖给了布伦特伍德储贷信托公司，包括3亿美元存款与等额抵押贷款。

1983年，控股西科金融的蓝筹印花成为伯克希尔的全资子公司。

1984年，芒格成为了西科金融的董事长和总裁。

在发展过程中，西科金融也抓住了一些不错的机会。比如，1988年，西科金融旗下的子公司互助储蓄买入240万股房地美优先股，持股数量占总流通股的4%，达到单一股东持股比例上限，平均成本为每股29.89美元，投入7173.6万美元。当时，并非所有公司都有资格购买这个优先股，只有储贷机构才有资格购买。房地美拥有良好的业务模式：买入住房抵押贷款，随即将贷款打包为住房抵押贷款证券，为其提供担保，并在市场上出售。在此过程中，房地美赚取担保费和"利差"，这是一个很稳定的盈利模式。2000 年，西科金融卖出房地美股票，实现了税后利得 8.524 亿美元。

西科金融还涉足了保险行业。1985 年，西科金融与菲尔曼基金保险公司合作。于是西科金融有很多的浮存金，可以进行各种投资。到 1989 年 8 月协议结束，仍有数亿美元的浮存金继续留在西科金融，直到 1997 年底，依然持有 2.75 亿美元的保险储备金。此举也让西科金融顺利转型。

在 20 世纪 80 年代末，西科金融也有很多投资动作。

1988 年底，西科金融以 820 万美元收购新美国电器公司 80% 的股票。

1989 年，西科金融购买 8000 万美元所罗门股票。1997 年，由于所罗门合并到了旅行者集团，西科金融以所罗门股票交换为旅行者集团 9% 的优先股（4000 万美元面值）和 178.4 万股普通股，净值多了 1.121 亿美元。

同年，它以 1200 万美元购买了全美航空优先股，1997 年以 2173.8 万美元售出全美航空股票，获利 1873.8 万美元。它还投资了 4000 万美元于吉列优先股，1991 年转为普通股，市价为 3.214 亿美元。

1996 年，西科金融收购了一家银行保险公司，堪萨斯担保公司，其当年的业务量为 8000 万美元。2000 年，又收购了一家大型家具租赁公司，考特商业服务公司。但后续来看，这些公司并没有实现稳健的发展。

2011 年，伯克希尔以 5.5 亿美元收购了西科剩余的 20% 股份。

以此推算，西科当时的市值为 27.5 亿美元。在 38 年间，市值增长了 100 倍。

西科金融的价值增长之道

2023 年，芒格在伯克希尔股东会上说："西科金融公司是我们做得很漂亮的一笔投资。最早收购西科金融，我们只花了 2200 多万美元，后来，我们把西科金融发展到了二三十亿美元。"业绩卓然。

从 1975 年到 1982 年，西科金融确实对蓝筹印花的证券投资方面产生了很大的积极影响。从以下这张表格，可以看到随着时间发展，西科金融的净利润也呈显著增长态势。

年度	蓝筹印花持有互助储蓄的平均权益（美元）	蓝筹印花收到的来自互助储蓄的现金分红（美元）	分红的年度回报率（%）
1975	11 975 000	1 932 000	16.1
1976	20 570 000	3 226 000	15.7
1977	23 928 000	3 845 000	16.1
1978	25 285 000	5 287 000	20.9
1979	25 630 000	6 728 000	26.3
1980	22 381 000	9 852 000	44.0
1981	18 778 000	1 922 000	10.2
1982	20 965 000	801 000	3.8

1975—1982 年，蓝筹印花平均权益和互动储蓄现金分红及分红的年度回报率
资料来源：蓝筹印花公司致股东的信，1983 年 2 月 17 日

细看西科金融的发展，保险投资的回报最高。在诸如家居租赁、精密钢材等投资上，西科金融仅取得了百万级收益，而投资保险却让西科金融取得了千万级的收益。西科金融也常被称为"小伯克希尔"，原因有三：首先，西科金融公司旗下也有一系列全资子公司，而且公司也持

有股票投资组合；其次，西科金融也将原有业务做了转型；再者，西科金融也以保险浮存金的方式取得长期的投资现金流，而且证券投资业绩优异。可见，投资保险对蓝筹印花和西科金融的后期发展影响巨大。这种转型绝非易事，而巴菲特和芒格却做到了。

西科金融价值的增长主要来自保险与再保险业务，以及以投资房地美股票为重头的证券投资。如果西科金融不做转型，没有保险业务，可

年度	净利润（万美元）
1996	2500
1997	2750
1998	2950
1999	3720
2000	3860
2001	3590
2002	4200
2003	4010
2004	3570
2005	4280
2006	5540
2007	6130
2008	6280

西科金融保险公司净利润(利息和持股分红，加上承保损益)
表格来源：《巴菲特的第一桶金》(第二部分 案例22 韦斯科金融公司)，[英]格伦·阿诺德著，杨天南译，机械工业出版社，2019年。

能它也仅仅是一家特别平庸的公司。正因为做出了两三个重要决策，所以它能够像伯克希尔一样取得丰厚的投资收益。

巴菲特和芒格对路易斯·文森特这一优秀经理人的充分放权，以及公司本身良好的业务模式，也是西科金融发展的重要原因。1983年，文森特以77岁高龄退休。在退休前的几年，文森特已经得了阿尔茨海默病。由于巴菲特和芒格不经常见到公司的管理者，所以他们对此并不知情。在2023年伯克希尔股东会上，巴菲特曾这样说道：

> 我们也有受情绪影响的时候，特别是对待那些和我们共事已久的优秀经理人。有时候，他们岁数大了，能力明显退化，但我们却没有及早发现，仍然对他们充满信任。主要是我们的生意本身特别好，有时候，经理人垂垂老矣，我们的生意竟然蒸蒸日上。举个例子，我们敬仰的路易斯·文森特老了，但西科金融公司丝毫没受影响。有段时间，西科金融的管理处于真空状态，可我们没受到什么影响。我和查理特别敬重路易斯，所以，过了很长时间才发现，原来路易斯真的老了。我们犯过类似的错误，但伯克希尔并没有因此遭受任何损失。

可见，巴菲特和芒格都很认可文森特。巴菲特和芒格能把人看准，对信任的公司管理者始终很放心。再加上西科金融公司本身就有良好的业务模式和清晰的战略规划，所以巴菲特和芒格并不需要时时刻刻紧盯着公司。

需要关注风险，
但不必为此失眠

——常劲西雅图问答录

美国当地时间 2024 年 5 月 6 日，芒格书院一行人同北京大学光华管理学院《价值投资》课程的十余名优秀学子齐聚喜马拉雅资本座谈交流。喜马拉雅资本首席运营官常劲先生与会回答了同学提问。

芒格书院与北大光华管理学院《价值投资》课程的学友同常劲先生合影

价值投资的核心在于自下而上地选择公司

问：您今年参加伯克希尔股东大会的感受如何？

常劲： 第一个感受是，每个人都非常尊重和敬仰芒格先生。第二个感受是，每年的股东大会巴菲特先生都尽最大努力向股东们解释清楚他们所做的事情，今年也不例外。第三个感受是，在今年的股东大会上，由于芒格先生缺席，关于世界经济的讨论相对较少。

巴菲特先生在会上分享了一些他对美国公司及经济的看法和洞见。可能因为他对世界其他地区的了解不那么充分，所以更多地聚焦于伯克希尔本身的问题，包括财务状况和经营表现。股东们的提问也主要集中在公司的运营状况和未来展望上。

尽管芒格先生未能"出席"，但股东大会仍然以各种方式表达了对芒格先生的敬意。巴菲特先生在讲话中不断提及芒格先生的观点，让我们感受到芒格先生对伯克希尔的深远影响。他不仅仅是伯克希尔的设计师，正如巴菲特先生所说，他是伯克希尔的灵魂人物。他的影响将是持久的。

问：巴菲特老先生最近表示将重新聚焦美国市场，这对于我们这些主要关注中概股的投资人和利益相关者来说是一个明确的指向。在这个过程中，我们需要进行观念革新，从格雷厄姆的捡便宜心态转变为芒格的买优质公司的理念。这种心态的转变在风险投资行业中表现得尤为明显，业内有9个月公司、5年公司和10年公司的区别。为了追求长期稳定的回报，我需要从9个月公司的趋势中走出来，甚至放弃5年公

司的想法，转而寻找10年公司的投资机会。与此同时，我还有很多需要学习的地方，因为从一级市场到二级市场的视角切换是非常大的。

很多人认为中国市场有很多好公司，而美国人可能不太关注。我非常想知道您对未来市场的看法，以及对处于职业生涯早期的投资者，您有哪些建议可以分享？

常劲：首先，从公司的角度来看，我们遵循价值投资策略，其核心在于自下而上地选择公司，而不以行业、经济或国别论之。在选择公司时，我们会寻找那些独具特点、令人钦佩的公司。为了深入研究这些公司，我们需要关注它们的业务模式、产品、客户群、内部管理、供应链、技术、市场环境、竞争对手以及政府政策等多个方面。研究的目的是通过对这些方面的深入了解，更好地判断公司的未来盈利能力和潜在风险。

其次，从宏观环境的角度，需要客观地看待当前的市场状况。我们研究公司，是为了对公司的未来做出一个较为准确的判断。这主要包括两个方面：一是对公司的盈利能力进行较好的评估；二是对公司的潜在风险进行评估。如果能将这两个方面都做好，那么你的价值投资就已经成功了大半。因为这样就可以找到安全边际，从而做出明智的投资决策。

通过研究，你认为这家公司的价值是10块钱，可能会有一定的波动，甚至可能达到12块钱。再根据你对公司的理解和对潜在风险的评估，最大的影响可能是40%或60%。这将为你提供一个大致的概念，以便确定合适的买入时机。例如，如果你认为风险带来的最大影响为40%，那么你可能会在5、6块钱左右买入；如果风险的影响更大，你可能会要求更低的价格。

这就是价值投资的基本原理。当搞清楚这些原则后，就不需要过于精确地计算公司的价值。你只需要找到一个让你感到舒适的价格，买入这家公司，然后安心睡觉，无须过多担忧。

当公司的股价表现良好时，大家都能睡得着觉。但我可能有点难以入睡，因为如果我没明白公司的股价为什么表现良好，我会感到不安。当公司的股价下跌时，大多数人就会失眠，因为不知道股价会跌到哪里，尤其是当股价跌破心理关口时——买入的价格似乎已经很低，可股价还在下跌！但对我来说，如果我真的了解这家公司，那么股价下跌只是一个现象。真正的损失是在股价进一步下跌时将其卖出，实现了损失。只要损失没有实现，对我来说都不是真实的，都只是账面损失。如果我对某家公司非常看好并深入了解，当价格低迷时，我反而会更高兴，并且会买入更多，这样我还会睡得更香。这就是价值投资与通常做法的不同之处：找到好公司后，我们不需要担心宏观环境的变化。在大灾难面前，总会有人幸存，而如果没有幸存者，我们的文明也将不复存在。因此，要成为那些能够适应和生存下来的人，这样文明才能延续。

我们需要客观地看待当前的环境。我觉得今年有必要多说几句，因为大家对中国的情绪非常悲观。通常，当大家乐观时，我会谈论风险；而在悲观时，我会尝试传递一些乐观的信息。但我的乐观并非基于对中国未来的美好憧憬，而是基于客观分析。大家需要自问的是，自己对环境的认识是客观的还是充满感性的？

问：继巴菲特之后，最前沿的价值投资是怎样的？价值投资可以与量化结合吗？

常劲： 李录先生的《文明、现代化、价值投资与中国》，实际上代表了三代价值投资人对价值投资的思考，其中包含了许多重要的突破。首先是关于现代化本质的深刻思考，解决了价值投资为何有效的问题。另一个突破是价值投资在中国市场的应用，李先生在这方面做出了巨大贡献。许多传统价值投资者认为中国不是一个适合价值投资的市场，但深入研究问题的本质后，我们发现巴菲特、芒格的投资哲学在不同市场环境下都是适用的。

优秀公司是至关重要的，没有这些优秀的公司，无论量化策略多么复杂，长期赚钱的可能性都将受到限制。对公司财务数据的量化分析是必要的，但并不需要过于复杂的计算。巴菲特先生曾说，理解一家公司的财务只需具备高中生的水平。财务分析在价值投资中只占20—30%的工作量，大部分时间和精力需要投入到对公司质的理解，包括生意模式的可持续性、竞争对手是否能被屏蔽在护城河之外，以及各种潜在风险因素等。

历史数据可以帮助我们找到规律，但不能仅仅依赖历史数据。要真正理解未来并预测发展趋势，我们需要掌握事物发展的规律和变化机制。没有对这些基本规律的深入理解，再多的历史数据也无济于事。因此，我们需要运用第一性原理的思维方式，深入了解事物最基础的动力机制，以便更好地判断未来的发展。

中国的优秀企业擅长学习，勇于出海

问：我想接着您的问题深入探讨一下。追溯到20世纪40年代，日本就在学习美国，再到借鉴全球各地的经验，因此产生了许多优秀的公司。当我们观察美国公司时，也可以看到很多公司已经得到了人们的认可和历史背书，明确了哪些是好公司，哪些是不好的公司。然而，在观察中国企业时，我们注意到，自从中国加入世贸组织以来，才出现了更多优秀的公司。

在选择中国的公司作为标的时，我认为要考虑的是：无论是在全球竞争中还是在本土市场上，公司应该在产品、服务和组织等方面具有竞争力。您能否阐述一下您的看法？

常劲：你的观点很有道理，大部分是正确的，但有一点需要补充。实际上，自中国开始实行市场经济以来，优秀的公司就开始涌现，例如万科、平安、格力等。这些公司在早期就已经展现出了优秀企业的特质。

回顾20世纪90年代中期，中国企业已经开始崭露头角。当时，大家都认为外国企业非常优秀，但在中国市场上也已经有了出色的中国企业。例如，万科是一家地产公司，但它还开设了一家大型超市——万佳超市。可能很多人对这段历史并不了解。当时我在深圳参观了这家超市，对其经营管理水平印象深刻。它学习了很多国外的做法，而且学得很快。

在90年代，中国的零售市场发生了翻天覆地的变化。在此之前，中国实行计划经济，零售系统由供销社主导。但随着政策的鼓励，外国零售企业开始进入中国市场。这是中国经济市场化改革的早期举措之一。许多外国零售巨头涌入中国，给国有企业带来了巨大的冲击。

当时的中国企业家们如饥似渴地学习新知识，他们充满创业激情，不断寻求创新，以实现公司的发展。

在商店里，你可以通过气味、商品摆放等方式判断出商店的管理水平。这些细节在零售业中非常重要，因为零售业的利润非常微薄，管理不善会导致亏损。当时的中国企业家们如饥似渴地学习新知识，他们充满创业激情，不断寻求创新，以实现公司的发展。在深圳我看到了像万佳这样的中国企业，它们的经营管理水平不亚于外国企业，学习速度快，效果惊人。

正是这些优秀的企业和企业家为中国经济的发展奠定了基础。在研究这些企业时,我们需要深入了解它们的历史、基因以及传承下来的成功因素。

问:前段时间,国家领导人进行了一次访问。在访问期间,他们讨论了中国产业的发展。我觉得中国团队在世界上具有很大的影响力。您如何看待中国企业出海的问题?

常劲:出于对成长的渴望,中国企业出海是一个必然现象。就像我们长大后,学习成绩优异,进入北大、清华,然后,不禁想要出国一样,因为我们要寻找成长的机会。当你在国内做得很好时,出海成为了一个自然而然的选择。只不过,你需要考虑如何出海,因为出海面临着与国内不同的挑战。

在这方面,我们可以借鉴很多经验。早期的欧洲公司到新大陆做生意,以及亚洲公司到别地开展业务,都经历了不同阶段的能力提升。对于中国企业来说,现在的时间点比之当年其他的亚洲公司、美国公司和欧洲公司,有更多的优势。因为全球市场已经相对成熟,市场规则也相对统一。当然,还存在本地化的问题,但现在利用当地人才进行本地化经营的做法已经相当成熟。大家都可以在国际市场上,基于相似的法律基础,平等地进行竞争。这实际上为中国公司提供了更多的机会。

用进化的眼光看待中国的市场

问:我注意到《文明、现代化、价值投资与中国》提到了一个关于中国投资的重要观点,即在文明2.0阶段,中国尚未成为最大市场,但其市场具有包容性，不需要完全模仿美国的形态。在文明3.0阶段，现代科技与自由市场的结合将产生1 + 1>2，甚至更大的增长效应，为股票市场带来长期的丰厚回报。在之后的实践，您认为市场又会如何进化？

常劲： 从这十年的角度来看，我认为投资环境变得更好了。因为中国资本市场在过去十年里发生了很大的变化。在2012年之前，中国的资本市场相对较为粗放。那时，市场上充斥着各种所谓的"股市敢死队"，他们通过非正常手段在市场中牟利。这种局面并不正常，真正的英雄应该是依靠自己的本领、智慧和眼光，发掘并持有真正优秀的公司，从而获得收益。

政府对资本市场的反腐和改革也做得非常好。"敢死队"这类人早就应该受到法律制裁，市场的规范化也使得那些不正当手段逐渐被淘汰。

然而，国外环境的变化和政治因素的影响，给中国股市带来了负面影响。这使得许多价值投资者面临压力，即使他们投资的优秀公司盈利仍在增长，股价却持续下跌。而在一个正常的资本市场中，盈利增长的公司股价应该上涨。所以市场环境给投资者带来了很大的压力，特别是那些短线投资者。

尽管市场上存在悲观情绪，但这并不意味着投资环境不好。客观地说，我更愿意在现在的市场中进行投资，而不愿回到10年或20年前的市场。因为我不希望被那些"股市敢死队"消费。

问：我认为每位价值投资者在市场中所扮演的角色，包括您刚才提到的大环境问题，都像是投资的基础。正如李录先生和您所说，自由交易确实颇有益处，但这有一个前提：民主制度的建立需要基本的信任和资源。例如，当我支付金钱时，我期望得到相应的物品或服务。但在缺乏诚信的环境中，对方可能会在收到钱后转身离开。

因此，我们必须面对一个前提：无论是投资还是其他经济活动，背后都有一个政府存在。在金融市场中，政府的角色主要体现在监管方面。我特别好奇的是，为什么中国政府已经做了很多工作，但中国公司的信息披露仍然存在很大问题。为什么在中国的证券市场中，无论是过去的审核制还是现在的注册制，证监会都无法确保公司的财务披露真实可靠？美国是如何做到为所有价值投资者提供一个合适的环境的呢？

常劲：实际上，美国在这方面也只是比中国做得好一些而已，并不是说他们已经完全做到了。美国的金融市场也有过很多混乱的情况，比如伯纳德·麦道夫（前纳斯达克主席，史上最大庞氏骗局主犯）这样的例子。我认为中国的问题主要有三个方面。

首先，中国的资本市场尚未完全成熟，这是一个过程，我们需要耐心等待。其次，文化问题也是一个重要因素。虽然中国政府推出了很多监管措施，但在企业尊重监管的文化方面做得还不够。文化的培养是一个教育过程，不能仅靠出台监管规定和训斥惩戒来解决。我们需要建立一个机制，以此培养大家遵守规则和诚信的企业文化。最后，从历史经验来看，我们的监管奖惩不够分明。有时候，该罚的没有罚，该赏的没有赏，这会导致人们对规则不够尊重。就像破窗理论所说，如果街道上有窗户的玻璃被砸碎，却没有及时修复，很快就会有更多窗户的玻璃被砸碎，街道的治安自然会恶化。因此，我们需要从小事做起，比如关注企业管理层对会计数据的调整，以及所谓的市值管理等行为。

这些问题源于文化和思维方式，关于企业管理、监管等方面的观点过于鱼龙混杂，都没有触及最本质的问题。市场和社会都是由人组成的，我们应该用进化的方式来观察和理解它们，这样就不会机械地看待问题，而是会关注不同阶段的过程和标准。我们可以学习美国等发达国家在不同阶段的做法，借鉴他们的经验。

同时，需要在过程中解决问题。很多时候，看到问题却不解决，是因为需要发展，所以这些问题就被搁置了。这会导致规则无法真正落实。因此，监管部门还有很多工作要做。对于过去十年中国政府对资本市场所做的工作，我还是非常认可的。他们正在逐步清理市场，使之变得更好。

研究企业要思考第一性原理，并对知识诚实

问：东阿阿胶具有一定的品牌影响力。然而，东阿阿胶当下面临的最大风险点实际上是阿胶的功效。目前许多科普博主已经指出，东阿阿胶可能并不具备某些特定的效果。这对整个行业和公司来说可能是最大的问题。

所以我有两点疑惑：首先，我们研究一家公司时应该如何着手，找到其关键症结所在，即决定公司成败的因素；其次，面对这样一家在过去一年、两年甚至五年股价表现优异的公司，尽管它可能存在一个巨大

的隐患，我们是否还应该关注它、研究它甚至去投资它。

常劲： 在选择一家公司时，我认为应该采用第一性原理的研究方式。首先要考虑这个产品是否是消费者真正需要的，它为消费者带来的好处是实际发生的还是虚构出来的。其次，如果你确定这门生意是可以做的，那么就需要考虑其中存在的风险因素。例如，东阿阿胶这个产品，虽然市场上有一定需求，但我们不清楚其中有多少虚构的成分。可能它确实有一定的药用效果，但可能没有宣传的那么显著，可能仅有养颜保健的效果，或者仅仅起到心理安慰作用。你需要考虑所有这些问题。

以茅台为例，虽然它是一家优秀的企业，茅台酒也被誉为美酒，但它也曾经历过塑化剂危机。如果在研究过程中发现茅台含有另一种致癌物质，那将对公司产生严重影响。因此，这些风险因素都需要纳入考虑范围。

同学们在研究时并非不够认真，但确实需要更深入地挖掘问题的本质。不能仅仅停留在对表面现象和差异的研究上，而是要弄清楚产品的真实效果。例如，茅台是否真的会致癌？此外，还要考虑茅台是否会产生社会问题，如禁酒令等。只有全面、深入地研究公司的各个方面，经过严格的考验，才能确保投资的持久性和安全性。否则，就会如李录先生所说，投资者在市场中将不可避免地受到惩罚。

问： 市场上投资者众多，我们该如何找到超额收益的来源？作为个人投资者，如何在市场上建立自己的优势？巴菲特先生曾说过，他之所以能赚到这些钱，是因为人们常常会犯错。您认为现在市场上大家常犯的

错误有哪些？能否给我们提个醒，让我们避免这些错误？

常劲：我以前在课堂上也曾提到过，成功的秘诀其实很简单，但摔跤的方式却千奇百怪。我认为，应该更多地关注如何做正确的事，而不仅仅是关注犯错。我们需要观察别人犯的错误，思考自己是否会犯同样的错误。然而，首先还是要坚持做正确的事情。

有一个错误我们经常会犯，那就是自视过高。如果我们过于自信，就可能缺乏"对知识的诚实"。一旦缺乏这种诚实，我们就无法分辨自己真正懂什么，不懂什么。很多时候，我们最大的错误就是去做那些我们并不真正懂的事情。比如，你可能已经研究了一个行业四五年，精心挑选了一家公司，觉得不会有问题。但现实可能会证明你对这个公司并没有深入的了解，你所掌握的行业知识也在误导你。

当然，还有其他很多错误，我不能一一列举。但我认为，只要我们保持最基本的"对知识的诚实"，就能避免很多错误。为什么我们一直强调对知识诚实？因为这就像是我们的底线，守住了底线，我们就有了安全边际。

市场竞争激烈，企业必须自身强大

问：从创始人的背景、公司的管理到市场逻辑等方面来看，宁德时代无疑是一家非常出色的公司。然而，在中国的大型企业中，有一个普遍现象，即使企业非常强大，但它对待供应商和客户的态度却相当强硬。比如，尽管比亚迪在面向C端客户时可能较为友好，但它对供应商的要求极为苛刻，甚至要求每年降低成本。

相比之下，我发现美国和欧洲的一些大型企业，尽管规模庞大，但对待合作伙伴的态度相对较为客气，不会轻易越界。例如，在电池行业，他们可能专注于生产电池本身，而不会涉足上游的材料和下游的组装等环节。中国的企业似乎越来越倾向于全产业链布局，同时对客户和合作伙伴的态度也不太友好。

尽管这些企业有能力这样做，但我不禁怀疑这种做法是否对长期发展有利。我想请教常老师的看法。

常劲：你的观点已经很清晰明了了。从长期来看，这不是一个利于降低风险的好做法。大型公司处于激烈的竞争环境中，这种做法是市场机制本身的一部分。我们不能因为关注成功的企业而忽视了市场机制对落后企业的淘汰作用。应该客观地看待这个过程，每个公司在竞争中都处于一个不断学习和成长的过程。

以比亚迪为例，虽然它现在对客户的态度有很大改善，但过去也曾因强行压货引发经销商的反抗，甚至有供应商不愿与它合作，担心被学走技术后被抛弃。这些都是比亚迪在发展过程中遇到的问题，管理层需要学会如何应对和处理这些问题。这也能反映出比亚迪是否有持续学习和改进的能力。

我们看到比亚迪正在进步，提高自身水平。现在加入比亚迪经销系统的许多经销商都觉得合作相对容易，能够从中获利。同时，我也听到了许多积极的反馈，表明比亚迪与供应商的合作关系在改善。尽管过去比亚迪曾对供应商施加压力，但这种竞争压力客观上促使供应商提高自身水平，也是一个积极的现象。

在这个过程中，比亚迪需要学习如何在保持竞争力的同时，让合作伙伴也能获得合理的利润。这是一个挑战！如果比亚迪能够处理好这些情况，那么即使它在某些方面存在问题，我也会容忍，因为这些问题尚未对公司造成实质性影响。但如果这些问题积累到一定程度，对公司产生负面影响，我会与管理层沟通，提醒他们这是巨大的风险，需要改变；如果管理层不愿意听取意见，我会选择退出，不再做他的股东。这就是股东与企业之间应该形成的良性互动。

作为投资者，我们肩负着重要的社会责任，即支持那些优秀的企业，用我们的资金去投资那些对社会有益的企业。我们的投票对企业发展至关重要。我们需要判断哪些问题是可以容忍的，哪些是不能容忍的。例如，如果宁德时代欺负关键供应商，导致供应商退出，那么对宁德时代的影响将是巨大的。但如果欺负的供应商是一个较小的、容易被替代的部件供应商，那么这就是市场经济的现实。在这个竞争激烈的市场中，企业必须自身强大。

找准公司的竞争优势，关注管理层的道德水平

问：我们往往可以看到核心竞争对手逐渐将关键问题聚焦于一点。以海丰国际为例，它是一家专业的物流服务提供商。起初，我们认为其优势在于运输速度，但后来发现，他们对客户的响应速度非常快，这才是其真正的优势所在。

请问，有没有因为没有聚焦企业竞争优势而失败的投资案例？另外，商科学生从事金融行业相比于其他专业背景出身的人有何劣势？

常劲： 这个问题涉及多个方面，我恐怕难以一一回答，只能分享一些个人的感受。首先，关于投资失败的案例，确实存在，但很多时候并非因为公司的竞争优势问题，而是管理层面的问题。尽管公司建立了强大的经营优势，但管理层缺乏对股东回报的关注，就可能会采取一些损害股东利益的行为。

回顾过去，我发现在很多被认为是失败的投资案例中，基本上都存在这样的问题。在进行价值投资时，清晰了解公司的竞争优势是做出明智投资决策的基本要求。然而，管理层方面可能存在很大的变数，有时候问题并不在于人是否欺骗，而是在于每个人都有潜在的问题，我们可能需要时间和适当的机会才能发现。正如我们在学习心理学时所了解的，人性在某些极端情况下会显露出来。例如，在捡到地上的钱时，即使平时很诚实的人在那一刻也会面临道德底线的挑战。因此，管理层的道德水平非常关键。正如巴菲特所说，优秀的公司应该由值得信赖的管理层来运营。作为价值投资者，如果我们都能寻找这样的公司进行投资，那么那些希望被我们投资的公司会以此为标准，思考他们是否满足了这些要求。

至于如何找到竞争优势，我们需要寻找具有可持续性、能真正创造价值的企业。以同学们做的瑞幸咖啡研究报告为例，我认为最大的问题是没有说明清楚它的竞争优势到底是什么，是规模效应还是产品更新速度？如果产品更新速度虽快，但产品质量不佳，那么更新速度再快也无济于事。因此，做研究必须找到公司的核心竞争力。

对于学商科的同学来说，你们在商业方面有优势，但知识面相对较窄。要研究一家公司，不仅需要了解商业方面的知识，还需要关注公司的各个方面，你需要将自己视为公司的经营者。如果你不懂技术或产品，那么在管理这样的公司时很可能会失败。因此，拓宽知识面是必要的。

然而，这些还不够。最重要的是，你需要对各个领域保持好奇心，对事物进行排序。当你真心想要了解一家公司，以至于夜不能寐时，你会发现没有什么能阻挡你前进的脚步。当你渴望加入喜马拉雅资本这样的公司时，你会竭尽所能了解他们需要什么样的人，并努力满足他们的要求。总有一天，你会实现心中的目标。

问：在管理层分析方面，除了深入了解公司的业务本质外，还需关注管理层与股东之间的关系。以苹果公司为例，作为一家上市公司，它没有绝对控股的大股东，而是由CEO进行管理。在这种模式下，管理层与股东的关系变得尤为重要。另一方面，像腾讯这样的公司，创始人既是控股股东又是管理者，拥有很大的话语权。在这种情况下，大股东与其他股东之间的关系可能成为焦点。创始人的决策可能首先考虑自身利益，而非所有股东的利益。此外，还有一种情况是，无论是上级委派还是公司内部选拔的管理层，都可能不符合传统的管理结构。

对于价值投资者或研究人员来说，要想深入了解这些方面并非易事。我们可能难以接触到大公司的高层管理人员，并跟他们深入交流。这就需要我们寻找其他途径和方法来获取相关信息，以便更好地进行投资决策。在这种情况下,我们应该如何尝试尽可能多地了解公司管理层呢?

常劲: 最简单的方法莫过于观察一个人的言行举止。通过他说的话和做的事情,我们可以初步判断他的管理风格和性格特点。如果他的一系列行为都在损害股东利益,那么我们应该远离这样的管理层;相反,如果他们的决策和行动有利于股东和公司的发展,那么我们可以进一步接触和了解。

对于个人投资者而言,其实投资策略无外乎两种:一是将资金交给市场,购买指数基金;二是精选少数几家公司进行深入投资。在价值投资的道路上,我们作为投资者,不仅要追求经济效益,还要承担起社会责任。这种责任体现在宣扬正确的价值观,包括对企业管理层道德标准的期望和要求。

我们需要传播这样的信息:长期投资者、真正将自己视为股东的投资人是如何看待管理层的?我们希望与管理层建立怎样的伙伴关系?通过这种方式,我们可以寻找到志同道合的合作伙伴。这就像交朋友一样,只要我们坚持价值投资的理念,自然会有志同道合的朋友与我们携手同行。

与人合作,找到各自优势至关重要

问: 芒格通常会对某些想法持批评态度,而巴菲特则显得相对宽容。他们之间的关系就像是一个人在前面冲刺,另一个人在后面拉着他。因此,我想问的问题是:在芒格先生去世后,谁将成为那个拉住巴菲特的人?虽然这个问题更适合向巴菲特本人提问,但我仍然好奇您的看法。

  同样地,我想了解李录先生的团队中是否存在类似的角色分工?在他的决策机制中,是否有团队成员在前面冲锋陷阵,而另一些人在背后提供支持和判断?

常劲: 或许大家对我们的公司研究过程不太熟悉。实际上,李录先生所扮演的角色就像是一名天才的运动员。我们所有人都在努力配合和支持他,使他成为主力。就像在篮球比赛中,他是投篮手,而我们则全力以赴为他传球,确保他能发挥出最佳水平。

  另一方面,并非所有投资模式都需要模仿巴菲特和芒格先生。巴菲特与芒格先生在合作的过程中,各自找到了自己的优势。巴菲特对芒格给予了高度评价。虽然这种评价听来可能有些溢美,但仔细想想,芒格先生确实值得拥有这一切赞誉。

问: 一个人当然可以独立完成目标,但像巴菲特、芒格这样的智者共同合作,共同探讨问题,共享信息,也是非常有益的。在您人生中的关键抉择时刻,您是如何做出正确决定的?是因为遇到了正确的人,还是因为您自身的判断和决策能力?第二个问题与此类似,当我们选择朋友或商业伙伴时,是否需要去进行甄别和筛选?如何在这个过程中做出最佳选择?

常劲: 在我的人生决策过程中,我通常保持独立。年轻时,我的父母对我的影响较小,我基本上是随心所欲。这曾让他们为我操碎了心。但结婚后,我的夫人对我产生了很大影响。

我认为选择合作伙伴并非单向之事，而是双向的选择。首先，你需要提升自己，才能吸引他人与你合作。我认为与优秀、善良的人建立友谊至关重要。因为你永远不知道何时机会会降临，也不知道何时你会为他人提供机会。然后，你要思考身边哪位朋友最能帮助你，找到这样的朋友，你们就能共同把事情做好。所以，这确实是一个双向的过程。

最后，我认为最重要的是做一个好人。这一点至关重要。

喜马拉雅资本的运营之道

问：我对喜马拉雅的运营和管理非常感兴趣。作为一名运营官，您会关注哪些方面？

常劲：作为首席运营官，我认为有三个要点需要关注。

首先，从目前的工作角度来看，我需要确保公司能够应对各种风险变化。例如，如果明天市场突然暴跌，或者出现金融危机甚至全球经济危机，公司的日常运营是否会受到影响？在经营过程中，我们需要妥善管理这些风险，避免因疏忽而导致损失。此外还需要关注第三方风险，确保公司资产的安全。

为此，我需要带领整个运营团队培养风险意识。无论何时遇到任何问题，都需要将其纳入我们的讨论范围，认真对待。同时，需要关注外部因素对公司业务的影响，判断是需要立即解决、还是可以在长期过程中逐步应对。

第二大任务是引进优秀人才。我们需要将合适的人放在合适的位置上，确保他们能够为公司的长远发展做出贡献。在招聘过程中，我会投入大量时间和精力，确保招聘到的人是真正优秀的。当然，这不仅是我个人的判断，还需要其他同事的评估以及李录先生的最终决定。

第三个工作重点是公司文化和制度建设。为了确保公司能够持续发展，我们需要有一套完善的制度，并通过文化建设来维护制度的长期正常运行。我们强调了喜马拉雅资本的六大价值观（诚实、可靠、正派、进取、保密、忠诚），我必须确保这些价值观深入人心，从而保障公司的持续稳健发展。这便是我作为首席运营官的三个基本工作职责。

问：在市场团队方面，我们需要关注哪些较大的风险？

常劲：你确实需要关注风险，但不必为此失眠。只要建立了完善的系统，就不必担心。然而，系统的优劣不仅取决于制度，还取决于人。首先，你需要将合适的人安排在合适的岗位上。如果大家都休息，那么事情就可能出错。因此需要找到既可靠又有能力的人。

可靠性至关重要，交给负责任的人，他们能够承担责任并完成任务。至于重大风险，主要是防止团队内部出现欺诈、腐败、失职等问题。我们需要建立一个完善的内控系统。当然，仅凭内控机制是不够的，我们还需要确保在与多个第三方合作时不会出现问题。

因此，我告诉员工，我们的合作伙伴都是喜马拉雅资本体系的一部分，我们必须将他们视为自己的部门。如果没有这样的要求，他们的工作表现不佳可能会给我们带来风险。我要求我们的合作伙伴都是最优秀的公司，因为只有与最优秀的人在一起，才能确保我们的运营体系是优秀的。

在这个过程中，如果合作伙伴出现问题，我们将与他们携手合作，共同改进。我们需要为他们提供激励，促使他们不断进步，而不是制造矛盾。

问：刚才我们谈到了人性的边界问题。那么在日常工作中，我们如何界定好人与坏人？当然，诚实等道德品质是基本原则。然而在工作中，有时会遇到一些灰色地带，如在激励措施或对人的判断上。您如何处理这方面的问题呢？

常劲：首先，明确各自的责任分工，尊重彼此的决定，不越俎代庖。同时，在工作中保持透明度和坦诚，经常相互沟通，尽量消除隔阂。

其次，信任是基石。没有信任，团队合作就无从谈起。就像中美关系一样，如果双方总是互相猜忌、防范，那么关系就无法得到改善。因此，必须建立起基本的信任。只有这样，我们才能共同面对挑战，解决问题。

如果一个人总是多疑，对一切都持怀疑态度，那么他的世界很可能会崩塌。在这种情况下，他必须找到一个可以信赖的支点。即便在多疑性格的驱使下，人也应该努力寻找值得信任的朋友或合作伙伴。总而言之，只要我们能够在责任分工、透明度、坦诚及信任方面做好，那么公司中的其他问题都是小事，不会引发原则性的冲突。

投资者应对 AI 变革的思维方式

问：2024年的股东大会上，有人提问巴菲特对AI的看法。巴菲特非常坦诚地表示自己对此一无所知，坚持自己的投资原则和领域。然而，随着AI的第三波浪潮涌向科技公司，包括他投资的苹果公司在内，所有人都开始拥抱这一变革。我的问题是，当这些颠覆性创新出现在价值投资者面前时，在形势尚不明朗的情况下，我们如何做出明智的判断和投资决策？如何在颠覆性创新带来的变革中寻找下一个投资机会？

常劲：公司与投资者在这个问题上的立场和反应是不同的。作为公司的股东，我们关心的是公司对AI的判断和应对措施，而非我们对AI本身的看法。管理层应深入考虑AI对其业务的潜在影响。不同公司的业务模式受AI的影响各不相同。

AI的发展类似于当年的数字化转型或移动互联网革命，总会有一些公司受到负面影响，而另一些公司则会受益。我们的目标是跟随那些能从AI中获益的公司，因为它们的价值会随之增加。同时，我们需要避免那些可能受到AI负面影响的行业和公司。

例如，如果一家外包公司的工作内容可能被AI取代，而它未能及时变革，那么其核心业务将受到损害。在这种情况下，我们可能需要考虑减持或退出，除非公司能调整战略以适应变化。

即使我们对AI有更深入的了解，甚至超过巴菲特先生，我们仍然倾向于巴菲特的投资策略。最终，我们的判断还是要基于公司本身的能力，比如它是否能有效应对AI带来的挑战。这是作为投资者应对AI变革的思维方式。

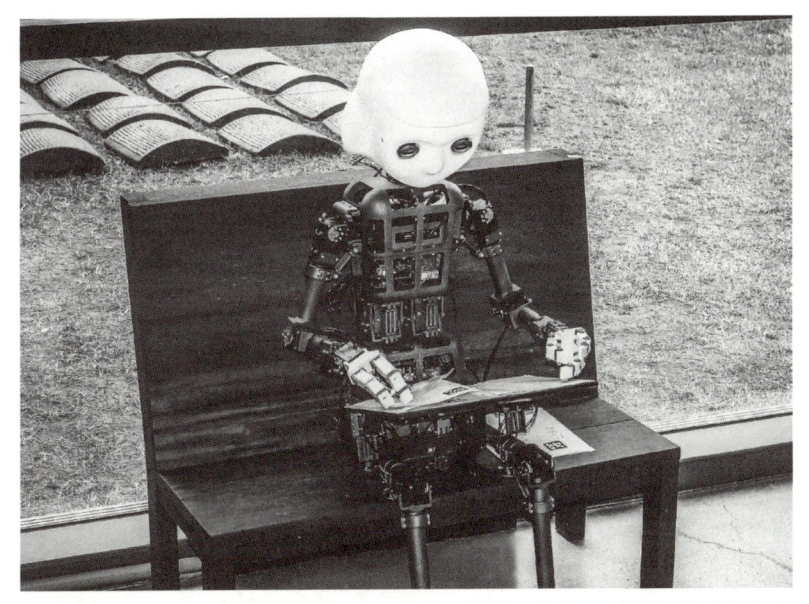

AI 的发展类似于当年的数字化转型或移动互联网革命,总会有一些公司受到负面影响,而另一些公司则会受益。

选择可为的事业,成为幸福的好人

问:芒格在《穷查理宝典》中谈过应如何过好这一生,李录先生也曾说过"真知即意义",您对此有何看法?

常劲: 其实,过上好生活的方法有很多,选择也各异。然而,许多方法的基本要素是相通的。首先,你是否愿意成为一个好人?成为一个能让周围的人感到快乐和幸福的好人?如果你能做到这一点,照顾到身边的人,那么你的生活就已经充满了意义。当然,如果你有能力赚大钱,为什么不呢?我们都有自己的期望。但最关键的是,要成为一个对他人、对社会有益的人。只要你坚守这个底线,你的生活就会充满幸福感。

当然,有时候在社会环境不佳的情况下,你可能会觉得:"我做好人,为什么总是被人欺负?"或者"为什么别人总是占我便宜?"在这种情况下,你也需要学会保护自己。而最好的自我保护方法其实很简单:与好人交往,远离坏人。正如芒格先生所说,要建立值得信任的关系网络。

此外,你还需要成为一个值得信赖的人。如果你总是占别人的便宜,又怎么能期待别人信任你呢?但如果你愿意付出,愿意给予更多,那么遇到的好人也会更愿意帮助你,回馈你更多。这样,正能量才能得以激发,形成良性循环。

问:就我个人经历而言,我发现美国创业者对与中国投资者的合作持有抗拒态度,他们担心被贴上"拿中国人的钱"的标签。

常劲: 确实存在这样的问题,但美国是一个法治社会,关键在于明确哪些事情可以做,哪些事情不可以做。对于涉及敏感领域的高科技创业,如人工智能,作为华人创业者,要确保100%符合美国的法律法规要求。对于那些从事文化教育事业的创业者来说,选择投资方时也要非常谨慎。

只要不涉及美国政府限制的事项,一般来说不会有太大问题。除非对方将你告上法庭,而法庭总是需要依据一定的法律条文和证据来判决。因此,在法律允许的范围内,我们仍然有很多机会可以大展拳脚。

坚持努力，投资自己

问：我不是一个特别自信的人，这也导致我的目标感不是特别强烈。我觉得，缺乏目标感可能会影响自己的成长，因为没有明确的目标，就无法保持快速的成长速度，也无法为自己提供一个明确的方向。

在个人的职业发展和成长过程中，目标感的重要性究竟有多大？另外，您如何看待自信与目标感之间的关系？我想找到这两者之间的平衡点。

常劲：这是一个颇具挑战性的问题。回顾我自己的成长历程，我认为目标是一个动态的东西。我当初来到美国、进入商学院时的目标与现在从事的工作大相径庭。但是我觉得这与信心并无太大关联。我想明白了一件事：要找到一件你喜欢并能做好的事情，然后认真投入其中。

我们每天都会给自己设定许多目标，因为成功学总是告诉我们要有远大的目标。但我觉得，无论你设定什么目标，首先应该选择正确的道路，这一点至关重要。如果你决定价值投资是你毕生追求的事业，并且相信自己有潜力做好它，那么你的目标就已经明确了。接下来，只需坚持不懈地努力。只要你从今天开始，一直努力到我这个年纪，头发略显花白时，你肯定能比我做得更好。因为你的起点更早，也更高。

问：我想分享一个对我影响深远的观点：人生中最重要的投资，也是最有价值的投资，就是投资自己。在您的丰富经历中，有哪些宝贵的经验和教训可以分享给我们这些后辈，尤其是那些尚未踏入职场或初入职场的年轻人呢？

常劲： 时间无疑是最宝贵的资源，如何合理运用时间是每个人都需要面对的重要课题。我个人认为，读书和学习是极其重要的。通过阅读，我受益良多，因为知识的积累使得我在做任何事情时都更加得心应手。

随着阅读的深入，我发现自己的视野和交友圈也在悄然改变。书籍成为了我的良师益友，让我在与人交往时有了更多的共鸣。当然，我不擅长的方面可能限制了我结交某些特定领域的朋友，比如对体育一窍不通的我就很难与热衷于体育的朋友深入交流。

不过知识的丰富性已经帮助我交到不同领域的朋友。比如，我发现自己身边多了很多艺术家朋友。虽然对艺术的了解并不深，但我的诚恳和开放态度让他们觉得与我相处愉快。

因此，我认为多读书、多学习、结交志同道合的朋友，将时间花在提升自己和锻炼身体上，都是对自己非常有益的投资。对于年轻人来说，这一点尤为重要。我每天都会抽出 20 到 30 分钟进行运动，保持身体健康。这也是我珍惜时间、投资自己的方式之一。

问： 当前，许多人正承受着巨大的焦虑。随着市场需求减少，人们普遍担忧难以找到工作或选择了错误的工作领域。这种焦虑感在即将步入职场的人群中尤为明显。他们担心自己无法获得理想的职位，或者所选的职业道路并不适合自己。我们应该如何看待职场焦虑？

常劲： 当年我来到美国时没能进入顶尖学府，有些惭愧。之前在国内我是北大的学生，自视甚高。后来，我被位于旧金山的一所二流学校录取。尽管如此，我还是非常高兴地完成了本科学业。

我甚至认为，没能进入哈佛等名校也未尝不是一件好事。在这所小学校里，我得到了老师极大的关注和认可，因为物理系只有十几个学生，我在班级中表现优异。我的物理教授给予了我很多机会。毕业时，他还特意询问我是否愿意攻读硕士学位，主动给我写推荐信。

所以，我想说的是，我们不应该过分看重得失，也不要过于依赖身上的光环。随遇而安，保持平和的心态，就不会感到焦虑。什么是随遇而安？就是找到什么就接受什么，找不到也没关系，待在家里也是一种选择。除非你承受着经济压力，否则没有必要非得挤进某个圈子或追求某种成功。

我曾在一家销售电脑的公司工作，这是我人生中最失败的经历之一。每天，我都要拨打数十个电话，试图说服潜在客户购买我们的产品。那时，个人电脑刚刚兴起，很多人对 PC 一无所知。我不得不耐心地向他们解释。

最初，我每次打电话都感到极大的挫败感。但后来，我开始思考如何改进工作方法。我利用自己在物理实验室学到的数据库方面的知识，创建了一个销售管理系统来跟踪电话结果。我将潜在客户分为 A、B、C、D 等级，根据他们的反应进行划分。这样做之后，我的心态发生了变化。我不再害怕打电话，而是渴望了解对方的需求，看看他们是属于哪个等级的客户。

我变得更加客观，发现世界并没有那么糟糕。通过不断尝试和改进，我的销售业绩也逐渐提高。最终，在短短两周内，我成功签下了第一个大订单，这让我信心大增。

所以无论从事何种工作，我们都应该努力做到最好。只要拥有这种精神，无论身处何地，我们都能取得成功。可以尝试将大目标分解为小目标，不断给自己正反馈，从而获得成就感和满足感。

问： 芒格曾说："每过完一天，都要比早上醒来时更聪明一点点。"常老师，请问您是否会总这样问自己？

常劲： 我并不会每天都问自己这个问题，但确实会时常反思。比如关于锻炼身体，我期望自己能够坚持每天花时间进行锻炼，尽管由于工作和出差等原因，完成目标有时候颇具挑战性。坚持锻炼非常重要，我能感受到自从开始锻炼后，我的精神状态比以前好了很多。这种效果让我更加愿意坚持下去。

另一个习惯是，我每天都会抽时间听一些有声书或者播客，特别是那些我喜欢的新闻解说或新闻节目。这样的习惯帮助我迅速了解世界的最新动态。听书也能让我在入睡前心情更加平静，只是听有声书的吸收效果可能不如阅读纸质书那么好，有时候听完就忘记了。

第三件我认为非常重要的事情就是思考。有时候，我太太会觉得我在家里不够积极，因为我总是在不停地思考问题。她知道我在想事情，所以现在也比较包容我。

总之，对于我来说，锻炼、听书和思考这三件事，是工作之余最为重要的日常活动。

抓住真正的大机会

——莫尼什·帕伯莱演讲实录

2024年5月3日,帕伯莱投资基金管理合伙人莫尼什·帕伯莱(Mohnish Pabrai)与内布拉斯加大学奥马哈分校的师生进行了一次交流,会议由该校经济学教授刘博士(Jane Liu)主持。

帕伯莱于2007年与好友盖伊·斯皮尔(Guy Spier)联手拍下了巴菲特慈善午餐,并通过巴菲特的引荐与芒格成为朋友。

从所有者的角度定义内在价值

莫尼什: 去年,我谈到了"把马车围绕一圈"(circle the wagons,意为团结起来应对困难。美国西部拓荒时期,人们在面对危险时会将马车围成一个圈,以保护圈内的家人和物资。帕伯莱以此比喻一些公司的作用如同一圈马车,能保护整体投资组合不受损失)的概念,我认为这是投资成功的一个重要因素。

事实上,这个话题我从未公开谈论过,它还未形成一个完整的框架。教授别人是学习的最佳途径,所以我今天带着自学的心态分享这些尚未完全成型的想法，也期望能在过程中整理思绪，让思路更加清晰。

"把马车围绕一圈"的概念告诉我们，当我们幸运地部分或完全拥有一家经济前景广阔的企业时，应坚定地持有，而不应过分关注它是否被高估、思考是否该买其他东西。少即是多！少操作往往意味着更丰厚的回报。这是一条值得遵循的道路。

然而，这个概念似乎忽略了内在价值的重要性。毕竟，内在价值是我们为所有东西定价的基石。内在价值由约翰·伯尔·威廉姆斯（John Burr Williams）于约一百年前提出，即企业从创立到结束所产生和分配的所有现金流的总和，按某些合理的利率折算成现值。这个定义虽然简洁，但计算起来却异常复杂，尤其是预测企业在未来五年、十年或十五年后的产出时。

以我们大多数人都很熟悉的伯克希尔·哈撒韦为例，沃伦和查理都对伯克希尔的内在价值有所描述，但他们并不总是一致：如果把他们认为的价值或价值范围写下来，数字并不太相同，有一定的差异。伯克希尔会以远低于内在价值的价格回购股票。最近它还愿意以有形账面价值1.2倍的价格回购股票。沃伦和查理都曾表示，随着伯克希尔逐渐转型为一个全资拥有众多企业的集团，传统的有形账面价值作为评估其内在价值的指标正变得越来越不适用。

让我们以喜诗糖果为例来说明这一点。伯克希尔在收购喜诗糖果时支付的价格，是其账面价值的3倍多。如果按照1.2倍的账面价值来估值，那么像喜诗糖果这样的企业就会被严重低估。

再来看伯灵顿北方铁路（Burlington Northern Railway），如果从铁

路的重置成本角度来考虑，替换一条跨洲际铁路的想法似乎不切实际。即便我们有能力进行这样的工程，其所需的成本也将远远超过伯克希尔的市值。据估计，复制这样一条铁路的费用可能高达7000—8000亿美元，甚至可能超过1万亿美元。那么，如何评估伯灵顿北方圣塔菲铁路公司（Burlington Northern and Santa Fe Railway）的价值呢？如果仅基于这些数字来估价，很可能会高估其价值，因为该公司并没有与其账面价值相对应的盈利能力。

账面价值作为一个衡量指标，存在许多不足之处。沃伦和查理在谈到他们对伯克希尔内在价值的看法时，心中可能有一个小于2倍账面价值的范围。以当前的伯克希尔为例，其股票交易价格大约是账面价值的1.5倍。沃伦和查理可能会认为，以2倍账面价值来评估伯克希尔的价值过于乐观。

如果我们回顾伯克希尔的历史，会发现一些有趣的现象。在过去，伯克希尔愿意通过发行股票来完成收购。例如，他们增发股票购买了戴克斯特鞋业公司（Dexter Shoes），尽管这笔交易现在似乎已被人遗忘。他们还通过发行股票收购了伯灵顿北方圣塔菲铁路公司。虽然有时会犹豫，但为了完成某些重要的交易，他们仍然愿意采取这种方式。然而，如果我们观察沃伦本人，会发现他从未买卖过伯克希尔的股票。在经营伯克希尔近60年的时间里，他的持股比例一直保持不变。即使股价大幅下跌，他也从未增持；同样，即使伯克希尔的股价达到一些人可能认为是泡沫的水平，他也从未出售过。

回到沃伦和查理的观点，即伯克希尔的价值可能低于其账面价值的

2倍，这其实并不能完全反映公司的真实价值。以1990年的情况为例。当时，伯克希尔的每股股价约为4000美元，流通股数量大约为150万股，其市值达到了60亿美元。当时的账面价值是市值的一部分，大约在30—40亿美元之间。如果简单地用2倍账面价值来估算其内在价值，可能会得出一个低于每股8000美元的数字，也就是每股6000美元左右，这与4000美元的市场价格相差不大。但站在未来的视角，我们知道伯克希尔实际的价值与当时的市值可是相差甚远。换一种方式，1990年时，如果能够预见从1990年到2024年的现金流，并将它们折现回当时，那么最终得出的内在价值数字可能会远远超过每股10 000或20 000美元。

究竟伯克希尔的内在价值是多少？我们是否应该按照沃伦和查理所建议的，以账面价值的溢价来衡量，还是应该基于对未来现金流的预测，并通过折现来估算其价值？在思考这个问题时，我简化了两种不同的内在价值评估方式。这两种估值方式可能与沃伦对伯克希尔股票的不同态度有关。

一方面，当伯克希尔在收购企业或回购股票时，沃伦会以一种方式来评估其股票价值。在这种情况下，他会根据市场条件和公司的战略需求来做出相应的股票发行或回购决策。另一方面，沃伦对伯克希尔有着明确的所有权。除了将部分资金捐赠给慈善机构之外，他在伯克希尔的持股比例一直保持不变，显示出一种几乎静止的状态。他从未考虑过出售他的股份，并明确表示未来也不打算出售。我认为，这是因为沃伦对伯克希尔的价值有着深刻的洞察。回到1990年，当股价为每股4000美元时，他可能愿意发行股票来收购其他企业，但即便在那时，甚至在现在，他都不愿意以这个价格出售自己的股票。

以我个人的经验为例，我管理的帕伯莱投资基金展现出了卓越的商业经济效益。虽然我不常公开讨论帕伯莱投资基金的普通合伙人（General Partner）的经济收益，但我可以分享的是，在基金运营的25年里，我们的税前利润率大约达到了88%。这样的业绩，甚至超过了苹果公司，我对生活还有什么可抱怨的呢？偶尔会有人主动提出想要购买帕伯莱投资基金普通合伙人的部分权益。尽管我从未向他们透露过具体的财务数据，但他们对购买这部分权益表现出了极大的兴趣。然而，我总是毫不犹豫地拒绝了他们的出价。原因很明确：尽管我无法精确计算帕伯莱投资基金普通合伙人的内在价值，但我确信它可能在一个相当大的范围内，而且这个范围的上限可能是一些令人震惊的数字。如果一个人像沃伦·巴菲特那样，拥有对伯克希尔的深刻理解和所有权，那么他自然会清楚看到公司强大的竞争优势和深厚的护城河，并希望长期持有。查理也是如此，他将超过90%的净资产投资于伯克希尔。

因此，内在价值可以从两个不同的角度思考：其一是标准的内在价值概念，其二是"所有者的内在价值"概念，即从所有者的角度来定义内在价值。所有者对内在价值的理解不仅涉及对企业长期和全面的审视，还包括了某些无形的价值，比如控制权。我意识到，一旦我出售了普通合伙人的部分股权，就会为这个生意引入一个计时器，因为无论谁购买了这部分股权，他们最终都希望在某个时点实现变现。我对这种短期行为并不感兴趣。在这两种内在价值的定义中，都包含了对未来现金流的考虑，以及所有权所带来的无形价值。

回到"把马车围成一圈"的概念，它实际上忽略了内在价值的复杂性，它只是简单地说："嘿，你拥有一个很棒的生意，你只需要继续持有，不需要问太多问题。"但如果深入提问，我们会认识到："不对，每个企业的价值都是有限的。"然而，现实中，我们只需要富一次，不需要多次致富。正如查理所说："一旦你达到了那个水平，你就不想再回到过去。"在大多数情况下，你只需要做出一次正确的选择。尽管你可能进行了100次股票投资，其中90%可能都不成功，但只要少数几次投资特别成功，就足以让你的整体投资组合看起来非常出色。

最近，《金融时报》刊登的一篇文章指出，巴菲特在伯克希尔的投资组合中买卖了65家公司的股票。我们通常不会将沃伦视为一名交易者，但这个数字实际上相当多。报道中提到，他持有股票的平均期限略超过四年。同时，他的团队成员托德（Todd Combs）和泰德（Ted Weschler）也有大量的交易，平均持有期不到三年。在投资行业中，高错误率是常见的，而发现能够带来累进式增长的大牛股的机会则非常稀少。因此，这种特定的所有者内在价值的概念，值得我们特别关注。我相信，它能够为我们提供持续持有的信心，而不仅仅是基于"这是一个很棒的生意"这样简单的理由。

以星巴克为例，近期该公司似乎遭遇了一些挑战，有人形容这种情况为"被拖出去给了一枪"。星巴克是将面临长期性问题的困扰，还是仅仅遇到了"减速带"（暂时的阻碍）？要实时回答这些问题确实具有挑战性。只有时间能够揭示真相。面对星巴克这样的企业，如果试图对每一个小的挫折和阻碍进行分析，我们可能会陷入过度分析的陷阱，难

以星巴克为例，近期该公司似乎遭遇了一些挑战，有人形容这种情况为"被拖出去给了一枪"。
Photo_Takahiro Sakamoto

以坚持长期持有。

在来奥马哈之前，我听了肯·兰格尼（Ken Langone）的播客。作为家得宝（The Home Depot）的创始人，他曾创下许多投资佳绩。主持人问他在持有家得宝40多年的时间里，进行了哪些财务分析，又有哪些财务分析是持续进行的？他笑着说道："押注于人。除此之外，我什么也没做。"他还分享了自己的婚姻故事，他与太太携手走过了68年的风风雨雨，而太太依然能够包容他。他幽默地指出，维系婚姻和持有家得宝股票的思考方式是一致的，"如果你想知道秘诀，那就是忠诚，就这么简单"。这位先生的投资生涯中，多次实现了惊人的100倍回报，背后的原因正是长期持有策略。他提到了一些我未曾听闻的企业，这些企业的表现异常出色。他拥有礼来公司（Eli Lilly）的股份，起因是礼来公司收购了他所持有的一家企业。这次收购给他带来了40倍的收益。与此同时，家得宝公司在他手下蓬勃发展。这些投资仅仅是他的副业，他所做的只是静观其变，无所作为。

因此，即使我们不是公司的所有者，也应当尝试从所有者的角度来思考内在价值。如果你拥有星巴克的一小部分股权，并且能够像霍华德·舒尔茨（Howard Schultz）那样深入思考星巴克的经营和未来，你的视角将会更为长远，能够预见到更遥远的未来，看到那些定量分析所无法揭示的价值。这就是我今天想要与大家分享的核心观点。

巨大的投资胜利来自对品牌价值的深刻理解

莫尼什：我们再看看"把马车围成一圈"的理念。在沃伦58年的投资历程中，有12次非凡的成功案例，这些案例塑造了今天的伯克希尔。据我推测，在这段时期内，他可能做出了300个决策，但其中真正关键的只有12个。考虑到他一直是一个非常活跃的交易者，他实际上可能做出了500或600个决策，这使得那些真正成功的决策所占的比例更小，可能只有2%或3%。巴菲特曾表示，他平均每5年能发现一个出色的投资机会。对于我们这些普通人来说，可能每25年才能发现一个。

为什么我们需要这么长时间才能发现、投资并持续持有一家伟大的企业呢？答案是，能力圈的扩展是一个缓慢的过程。在过去几十年里，沃伦和查理的能力圈都有了显著增长。他们多次提到，在最初的30年里，他们不可能做出在后来所做的许多交易，因为以前的他们还不够聪明，无法理解这些生意。如果没有对喜诗糖果的投资，可能就不会有对可口可乐的投资，也可能不会有对苹果的投资，因为这两笔投资都与品牌的力量有关。这些投资决策与对品牌影响力及其潜在发展方向的认知密切相关。

巴菲特在20世纪80年代末和90年代初对可口可乐进行了投资，当时他们将伯克希尔账面价值的1/4投入了可口可乐。这可能是伯克希尔截至那时最大的投资决策，甚至可能是他们有史以来最大的赌注。对于一家保险公司来说，将其账面价值的1/4投入到自己无法控制的业务中，是非常不寻常的。但他们充满信心，无论是对赌注的规模，还是对持有的时间长度。这是因为在收购喜诗糖果之后，他们获得了深刻的洞察力。喜诗糖果是在1972年收购的，而第一笔可口可乐股票是在1988年购买的，两者相隔了16年。我认为，在80年代之前，他们还没有完全理解投资于像可口可乐这样的公司的分析框架。

巴菲特在喜诗糖果参与的唯一业务领域是在每年的12月26日调整价格。他对负责日常运营的查克·哈金斯（Chuck Huggins）表示："请把公司当作你自己的来经营。你将不会收到我们的任何指令，只管做你认为对的事情。不过，有一点例外，那就是我将保留定价权。"于是，在每年的这一天，巴菲特会坐下来审视喜诗的价格表，划去旧价格，并将其提高至通胀率的两到三倍，也就是每年增长大约10%到12%，尽管通胀率本身可能仅为3%或4%。令他惊讶的是，即便价格如此调整，一年后销量仍增长了 2%，虽然不算显著，但消费者显然接受了这一价格变动。第二年，他再次提高了 10% 的价格，销量再次小幅增长了 2%。

喜诗糖果在很大程度上是加州特有的现象。在 20 世纪 70 年代和 80 年代，加州的 GDP 每年以大约 5% 或 6% 的速度增长，这是一个快速发展的时期。尽管价格的大幅上涨可能抑制了销量，使其增长速度未能与加州 GDP 的增速保持一致，仅为后者的 40% 左右，但这并不影响投资喜诗成为一个明智的决策。当将价格提高至通胀率的三倍时，就能够从喜诗糖果公司中挤出大量的现金流。沃伦和查理为喜诗糖果支付了 2500 万美元，而早在 10 年或 15 年前，他们从喜诗糖果收到的分红就超过了 20 亿美元。

然而，他们也意识到了喜诗糖果的局限性，尤其是他们一再尝试扩大其业务范围时。沃伦希望喜诗糖果能进入所有州，甚至更多国家，但他未能让喜诗在第二个州取得主导地位。喜诗在芝加哥多次尝试开店，结果都以亏损告终，不得不关闭店铺。在纽约的尝试也遭遇了同样的命运。多年来，尽管进行了大量的实验，并得到了沃伦和查理的智慧引领，但喜诗始终未能成功将品牌扩展到加州以外的地区。

当伯克希尔团队深入研究可口可乐公司并审视其发展历程时，他们意识到可口可乐的地理扩张能力几乎是无与伦比的。如今，全球仅有古巴和朝鲜尚未给可口可乐开放市场，但如果这两个国家中的任何一个开始接纳可口可乐，品牌将迅速获得巨大的销量，无须额外的广告投入。因为这个品牌在全球流行文化中根深蒂固的影响极其强大。比较之下，尽管喜诗糖果已经是一个巨大的成功，但可口可乐的成功则更为卓越，可以说是"全垒打中的全垒打"。这种认识使得投资决策变得直观而明确，因此伯克希尔毫不犹豫地购入了尽可能多的可口可乐股票。

总的来看，伯克希尔之所以每隔五年就能实现一些巨大的投资胜利，原因在于其对品牌价值、无形资产、品牌扩张能力及持久吸引力等关键因素的深刻理解。这需要投入大量时间去思考和评估这些问题。

做投资研究不一定要接触管理层

刘教授：您提到了两种内在价值的概念，也探讨了人的价值。像您这样的专业投资者有机会接触管理团队，但许多普通投资者却无法接触到公司管理层，更无法了解企业内部的情况。您对这些投资者有什么建议吗？

莫尼什：接触管理团队、内部人士或公司所有者可能是一把双刃剑。以伯克希尔收购可口可乐为例，他们并没有与管理层进行过任何接触。他们所做的只是研究可口可乐的公开信息。沃伦和查理阅读了可口可乐自上市以来的每一份年报，约70份。他们注意到，即使在大萧条、两次世界大战、朝鲜战争和20世纪70年代的滞胀期间，可口可乐的单位销量从未下降过，始终逐年攀升。

每家上市公司都提供了大量信息，而真正重要的驱动因素，有时内部人士反而无法提供帮助。实际上，管理层往往更像是推销员，他们可能会无意中误导你。有时候，不与他们交谈反而是一种优势。如果你是个人投资者，没有渠道接触管理层，这实际上可能对你有利。最近在一所大学的演讲中,一位学生问我,他的能力圈太小,只懂很少的东西,要如何获得优势。我告诉他,与我相比,你有一个很大的优势,因为大学校园通常是变革最先发生的地方。例如,大学生是第一批放弃固定电话的人,是第一批取消有线电视订阅的人,是第一批体验脸书的人。很多餐厅和品牌都是从大学城起步的。在很多方面,年轻人比我这样的人有更大的优势,因为他们愿意尝试新事物,愿意做出改变。

审视你每个月的开销,看看你的钱都花在哪里。你在云存储上花了多少钱?你把钱寄给了谁?你花时间在哪些应用程序上?你在哪些餐厅用餐?你穿什么衣服?使用哪些品牌?把它们都列出来。即使你每个月只在某个东西上花了50美分,也记录下来,并在另一栏写上它是否是上市公司。你会发现很多都是上市公司,因为它们需要有一定的影响力来赚取你的钱。然后,你可以开始研究这些公司。作为它们的消费者,你已经掌握了很多关于这些业务的非量化数据,这将给你带来很大的优势。这是你可以走的一条好路。

刘教授: 这条路确实不错。

莫尼什: 这一切都在内布拉斯加大学真实地发生着。

刘教授: 是的,这对想要学习投资的大学生来说是个很好的建议。我的下一个问题是,你说找到一个好的投资项目可能需要五年时间,才能看到一些回报。但对于年轻的投资者来说,五年是很长的时间。你对想在这一领域开启职业生涯的投资者有何建议?

莫尼什： 首先，你应该在个人投资方面做得很好。你得用自己的钱做段时间的投资，拥有一些经得起检验的业绩记录，这也许是成功地投过几只大牛股。如果你这样做了5年、10年、15年，那么你已经有了一些非常成功的经验。下一步就是与朋友、家人，尤其是和那些非专业的人谈谈。你要让人们相信，他们可以把钱托付给你来管理，之后你再为此继续努力。

一位工科生的商业转型之路

刘教授： 您在大学时主修工程学，但多年后才转向投资领域。在您之前的演讲中曾提到，在工程学院学习时，您需要非常勤奋才能跟上课程，而当后来选修了一些商科课程时，却发现它们异常容易和自然。起初您更倾向于学习工程。多年后，您却成功地转入了商业和投资领域。请问是否有某个关键时刻或特定事件促使您做出了这一转变？

莫尼什： 我很高兴你们没有遇见20岁时的我，因为那时我对世界持有非常狭隘的看法，我的思考方式也非常有限。

作为一名工科学生，我却对商科课程充满了热情：会计学、经济学和投资学都让我着迷。在南卡罗来纳州的克莱姆森大学攻读本科学位时，在符合学校规定的前提下，我尽可能多地选修了商学院的课程。我发现自己在这些课程中通常表现优异，很多时候我都是排名第一。记得在一门投资课上，我的期末考试平均成绩很棒，教授因此召我到他的办公室，他查看了我的背景后惊讶地发现我不是商科专业的学生。他对我说:"我不确定你会成为一名怎样的工程师,但我认为你选错了专业,你应该转专业。"

那时,我在工程学课程中遇到了巨大的挑战,我从未成为班级的佼佼者,甚至不是前三名,为此我非常刻苦地学习。而商学院的课程,我却能够轻松应对。我当时认为商学院学生与工程学学生不是一类人,那时我对自己和世界的认知非常有限。这段经历发生在1984年或1985年左右。

我确实对投资课程感到非常兴奋和投入。1982年的美国股市一片哀鸿。在投资课上,教授为我们所有学生订阅了《华尔街日报》,并且做了一个关于迪士尼的案例研究。当时,迪士尼等公司的市盈率仅为6倍或7倍,非常便宜。教授分析了迪士尼各个子业务的价值总和,发现仅迪士尼的不动产价值就超过了其市值。当然,迪士尼还拥有大量的知识产权和其他价值,多年来一直在不断增长。我当时看着这些分析,心想:"哇,这真是非同寻常,你可以如此轻易地发现这些价值。"

教授是对的,我应该转专业,但当时的我并没有那样做。直到八九年后,当我首次听说了沃伦·巴菲特,我才真正决定转行。也许我应该早15年就做出这个决定。尽管有些曲折,但最终我找到了一个还算体面的终点。我的转变成功了,这让我们今天得以相遇。

观察查理让我受益良多

刘教授: 随着伯克希尔·哈撒韦股东大会的临近,我相信在座的许多听众都计划参加这一盛会。2023年11月28日,查理·芒格先生逝世。

作为与沃伦和查理都有着深厚友谊的人，您能否与我们分享一些关于查理的珍贵回忆？

莫尼什： 这确实是一个令人感伤的时刻，明天的伯克希尔股东大会上，我们可能会看到一部关于查理的影片，据说会通过流媒体播放。这部影片充满查理独特的智慧和风趣，所以请准备好面巾纸，以备不时之需。

查理是一个无可替代的人，我们再也见不到像他这样的人了。他去世后，我的悲痛与我母亲去世时的感受相似。我母亲是一个了不起的人，我非常幸运能拥有她，我生活中的许多美好事物都归功于她。当她去世后，我意识到有很多遗憾。尽管我们共度了一生，但我希望能有更多的时间向她讨教更多的问题，与她一起做更多的事情。查理去世时，我也有同样的想法，有太多的事情我想要同他探索和讨论，却再没有机会去做。

我最后一次见到查理是在他去世前一个月，那时我并不知道这将是最后一次见到他。在查理家中，只有我们两人一同晚餐。查理从不抱怨，尽管他忍受着巨大的疼痛和不适，但他总是乐观地开玩笑说："任何一个早晨，若我没有经历新的痛苦，那都是美好的一天。如果一切都和昨天一样，那就是非常棒的一件事。"当时他几乎失明，阅读对他来说非常困难，但他总是鼓励自己和身边的人，要坚持不懈。

你可以把任何食物放在查理面前，他都会欣然接受。这一点与沃伦不同。沃伦曾告诉我，他的饮食习惯从6岁起就没有变过。从6岁到93岁，他的饮食结构始终如一。我曾与沃伦共进午餐，当有人在他的盘子里放了一只虾时，他感到非常惊讶，无法相信自己的盘子里竟然有虾，并且急于想要把它丢掉。但查理会吃掉放在他面前的任何东西。

查理非常喜爱喜诗糖果。我在机场遇到过一位第一次参加股东大会的女士,她半开玩笑地说:"我希望查理·芒格在会上少花点时间吃花生脆糖,多花点时间回答问题。"在查理家,花生脆糖是定量供应的,每个月只拿出来两次。我告诉他们:"尽量把花生脆糖留到我来的时候吃。"这样,当我出现时,查理就会产生一种愉快的联想。在查理家和他一起晚餐后,花生脆糖被拿出来,很快就被一扫而光,但查理从不要求更多。在没有花生糖的日子里,他也从不说他想要花生糖,他总是乐观地接受现状。这种态度非常了不起,我们大多数人很难做到。我们往往会利用自己的影响力去得到我们想要的东西。

我从查理身上学到的大部分东西,都是通过观察他与家人、朋友和同事的互动得到的,而不仅仅是通过他的言语或著作。《穷查理宝典》中包含了许多非凡的智慧,但通过观察他的生活方式,你也能学到很多。我真的很想念他。

刘博士:谢谢你与我们分享这些。你不仅在投资方面观察芒格的决策,也观察他的个性、与家人互动的方式,以及他本人的生活方式。这对你的投资、成长乃至生活,有何影响吗?

莫尼什:成为像查理这样的人绝非易事,他的人生境界是如此之高。但如果我们努力地模仿他,就会对我们产生积极的影响。查理代表了一种黄金标准,我们若能从他身上吸取或学到任何东西,并将其融入我们的生活,那将是非常宝贵的。

在他最后一次采访中,有人询问他:"您希望在自己的墓碑上刻下

《穷查理宝典》(*Poor Charlie's Almanack*)中包含了许多非凡的智慧。上图为《穷查理宝典》的英文版和中文版。

什么?"他的回答简单而深刻:"我努力成为一个有用的人。"这句话完美地概括了查理的人生哲学。无论他与谁交往,无论遇到何种情况,他始终致力于成为他人的助力。以伯克希尔为例,沃伦曾写道:"在查理尚未从公司获得任何经济利益的时候,他就开始为伯克希尔提供帮助了。"他所做的一切,无论是对开市客、伯克希尔,还是对我的帮助,都超越了经济利益,因为他真诚地想要成为一个有用的人。这是一种极其崇高的生活态度。

刘教授：是的，从您在美国和印度所做的慈善事业中，我可以看到这种影响，这是非常了不起的。我们是在2021年伯克希尔股东大会上认识的，当时我向您提出邀请，希望您能在内布拉斯加大学为我们做一次演讲，您毫不犹豫地答应了，并且给了我一张名片，这显示了您对教育、年轻人和投资者的深厚奉献。感谢您所做的一切。

莫尼什：这让我的奥马哈之旅变得更加有意义。所以也感谢你们，这是一次很棒的经历。

克隆的力量是巨大的

刘教授：您欣赏芒格的投资策略，并在您的书中强调了模仿成功投资者的重要性。您能否分享这一策略的具体案例，以及您从中学到的经验教训？

莫尼什：吉姆·辛内加尔是开市客的创始人兼首席执行官。在加入开市客之前，他在普莱斯俱乐部（Price Club）工作，师从索尔·普莱斯。因此，当被问及他从普莱斯那里学到了什么时，他认为这是一个错误的问题，因为他所知道的一切都源自普莱斯。有趣的是，开市客最终收购了普莱斯俱乐部，并且其成功程度远超普莱斯俱乐部，真可谓是青出于蓝而胜于蓝。

在我看来，克隆的力量是巨大的。我很难想到有任何东西是完全独立创新的。这个世界上的一切都是基于已有事物的克隆和改进。举个例子，星巴克和麦当劳都是成功的商业模式，但它们也并非完全原创。人们可能会说，星巴克拥有出色的商业模式，但在它之前已经有人实现了，市场总有足够的空间容纳 3—5 家类似的企业。如果你看中了某个成功的模式，你完全可以尝试克隆它，并有可能取得同样的成功。

在我 2007 年写的《憨夺型投资者》一书中，我曾经赞扬过奇波雷墨西哥烧烤公司（Chipotle）的商业模式。当时我非常喜欢奇波雷，每天都去他们家吃午餐，我为这项业务感到惊叹。最终比尔·阿克曼（Bill Ackman）赚了大钱。虽然我从未投资过奇波雷，但它却一直是我见过的最惊人的本垒打之一。

我看到奇波雷时，它还只是一个小型的初创企业，店面很少。让我惊讶的是，直到 2006 年，甚至到今天，都没有人尝试克隆奇波雷的模式。我记得当时还有一家做墨西哥卷饼的快餐店，叫巴哈鲜（Baja Fresh），温迪公司（Wendy's）曾经拥有这个品牌。我去过巴哈鲜，但与奇波雷相比，那里的体验实在太差了。我想，为什么他们不学习奇波雷的做法呢？只要重新配置生产线，使用相同的原料，再雇佣同样的厨师，复制同样的味道，就能制作出与奇波雷相同的塔可和墨西哥卷。但没有人这么做。如果你环顾四周，你会发现有很多很棒的商业模式没有被克隆，而这些正是巨大的机会。所以，让我们为克隆其他模式而取得的成功喝彩！

"正面我赢，反面我输不多"

刘教授："正面我赢，反面我输不多"的投资理念在许多投资者中引起了共鸣。您能否分享一次难忘的投资经历，其中您实践了这一原则，并且结果给予了您一些宝贵的经验?

莫尼什: 在我看来,"正面我赢,反面我输不多"的原则是投资的基石。我们必须像呼吸一样去实践它。正如沃伦小时候学走路时保持膝盖微弯、身体前倾以防摔倒一样,我们在投资中也要避免负面结果带来的痛苦。

沃伦对负面结果的厌恶非常强烈,无论是摔倒还是投资失误。比如,他曾用伯克希尔 2% 股份购买戴克斯特鞋业公司,最终这家公司的股价归零。无论他用了多少股份支付,结果都是一样。每隔几年,沃伦都会提到戴克斯特鞋业,称它为一个 100 亿美元的错误。后来这个错误变成了 120 亿美元,现在已经超过 150 亿美元。

他说:"当股票下跌时,我实际上感觉良好。"对沃伦和查理这样的投资者来说,他们总是专注于下行风险。作为投资者,我们也应该这样做。如果能采取措施减少或消除下行风险,那么即使犯了错误,也能够从容应对。而且,如果我们真正专注于下行风险,很多时候上行收益就会自然而然地到来。

去年,我投资了康索尔能源公司(Consol Energy),他们是动力煤的生产商。最近,他们因为巴尔的摩大桥的垮塌而在运输能力上遭受了重大影响。在这之前,我从未听说过这家公司。这家公司之所以引起我的注意,是因为有人在推特上提道:"大卫·艾因霍恩(David Einhorn)在康索尔能源公司的投资看起来像是莫尼什在伊普斯科钢铁公司(IPSCO)上的投资。"

伊普斯科是我在 20 年前,即 2004 年投资的一家公司,我对它记忆犹新。每当有人提起伊普斯科，我都会感到非常兴奋。伊普斯科是一个典型的"正面我赢，反面我输不多"的案例，它是一家加拿大的钢铁公司，当时的股价是每股 45 美元。他们拥有每股 15 美元的现金，没有负债，并且已经签订了销售合同，确保接下来两年每年至少有每股 15 美元的盈利。公司公开提供了这样的业绩指引，这些指引都是有合同保障的。也就是说，如果你买入股票并持有两年，资产负债表上的现金就会达到 45 美元，而所有的厂房、设备和库存相当于免费获得。

我并不了解伊普斯科的长期内在价值、现金流或其他复杂的财务指标。事实上，钢铁是一个周期性非常强的行业，第三年的利润可能是零，甚至可能是负数。我的想法很简单，就是买入伊普斯科的股票，持有两年，看看市场会如何表现。一年后，他们宣布实现了每股 15 美元的盈利，我感到非常庆幸，我们不可能亏钱了。那时，股价已经涨到了 80 或 90 美元，在十四五个月内几乎翻了一番。我决定是时候获利了结了，因为这是一个高度周期性的行业。

就在我思考这一切的时候，有一天早上醒来，发现股价已经飙升到了 155 美元，因为一家公司提出以 160 美元的价格收购他们。大约五秒钟后，我卖掉了手中所有的股票。我本以为这辈子再也见不到类似的机会了。因此 2023 年，当有人在推特上提到一笔与伊普斯科相似的投资时，我说："上帝是存在的，上帝爱我。让我们看看康索尔的情况。"

康索尔的情况与伊普斯科非常相似。他们提前一年以固定的价格区间销售了所有要生产的煤炭。在 2023 年，他们已经完成了所有的交易，这笔钱将在 2024 年到账。如果从提前锁定两年收益的角度来看，康索尔不如伊普斯科，但康索尔的市值不到 20 亿美元，他们提前一年锁定的现金流约为 6 亿美元，几乎占了市值的 1/3。

与伊普斯科钢管公司相比，康索尔有两个优势：第一，他们不太可能有亏损的年份。康索尔是一家拥有 150 年历史的公司，150 年来，他们一直在赚钱，因为他们拥有最高质量的动力煤储量且是成本最低的生产商，处于成本曲线的底部，所以总是赚钱。第二，他们会将所有的资金用来回购股份，即使交易价格是现金流的 3 倍、4 倍、5 倍。因为这两个优势，我认为康索尔实际上比伊普斯科更好，因为你能提前锁定收益，还不会真正亏损。

听众：您分享了关于康索尔的见解。然而，显然并非所有投资者都认识到了它的优势。实际上许多投资者并未选择购买康索尔的股票。您能否阐述一下，您如何洞察到这家公司的优势？与此同时，那些选择站在场外的投资者，他们错过了什么？是什么阻碍了他们采取行动购买康索尔？

莫尼什： 这是个好问题。我认为，所有知识都需要日积月累。当我们经历过不同的投资决策后，自身也会习得不少。就我而言，投资这家企业，与艾因霍恩的初衷非常不同。尽管我从艾因霍恩那里得到了这个想法，但他抱怨市场过度指数化，导致这些公司在很长一段时间内被低估。他认为这是负面的，使得公司永远不会实现内在价值。但我认为，如果一家公司永远无法获得积极的内在价值，可能也是对你有利的，因为这意味着你可以收取股息，可以回购股票，可以做其他很多事情。如果定价得当，这些都不可能。所以当市场错误定价时，你可以获得更高的回报。

大多数投资者由于不理解康索尔这样的公司，会望而却步。对我来说，如果没有投资伊普斯科，也就不会投资康索尔。而且康索尔实际上很有趣，它是一个很好的投资，它让我看到了更好的东西，那就是从动力煤转向冶金煤。

许多相同的原理在这两方面都适用，这就是查理所谈到的经典观点，即一切事物都需要从机会成本的角度来审视。他强调，美是主观的，因人而异，智者见智，仁者见仁。大多数人感到兴奋的事情，并不一定能够吸引每一个人，因为每个人的生活经历和价值观都是不同的。仅仅因为我投资了康索尔，或者我对它有特别的喜好，并不意味着它会与所有人产生共鸣。这就是人类的天性。

市场是一台"称重机"

刘教授：你为我们提供了评估企业价值的几个例子，这是价值投资最重要的东西之一。目前市场上有一个趋势，越来越多的人转向被动投资，选择了指数基金，这引发了一些担忧：价值投资者的数量正在减少。过去，价值投资者发现一家被低估的公司后，就开始投资，等待价格回归价值。但随着价值投资者数量的减少，这种机制似乎受到了影响。你对这种情况有什么看法？

莫尼什：我认为，当人们忽视股票时，这实际上是一个机会。我希望康索尔的股价能在很长一段时间内保持极低的水平。事实上，价格上涨反而不太好，因为他们会以高价回购股票。

一般来说，如果你发现了一家价值被低估的企业，而市场并不认同你的观点，并且这家企业持续被低估，最后，这家企业会产生现金流，而你对这些现金流有索取权。如果该企业在如何使用或分配这些现金流方面是审慎的，那市场最终是一台"称重机"，这些现金流必将以股息或其他对投资者有价值的形式显现。

我想说的是，如果所有资金都流入了"四大金刚"（指英伟达、亚马逊、脸书和微软），这是投资者的福气。把钱都投向那些被市场验证过的优秀企业吧，这太棒了。

刘教授：作为一名经济学教授，我专注于对宏观经济学和金融市场的研究。我的目标是将投资置于宏观和微观经济环境的大背景下。近年来，我们见证了诸多变革，包括疫情对商业运作方式的重塑、中美关系、供应链的挑战、俄乌与中东冲突，以及民族主义在全球范围的兴起，这些都对全球化产生了深远影响。在这样的动态经济环境中，我们如何调整投资策略？

莫尼什：我的投资哲学专注于微观层面。我总是从企业本身着手，而不是从疫情等宏观事件出发，去思考如何从中获利。我总是努力将注意力集中在企业本身。理解宏观经济或大规模宏观事件的复杂性超出了我的能力范围，我觉得这些对我来说过于深奥。仅仅掌握企业的运作机制本身就已经相当具有挑战性，因此我不想让问题变得更加复杂。

我的目标是尽可能地保持思路简洁明了。

言传身教尤其重要

听众：我代表我的孩子向您提出这个问题：如何才能像您一样富有和成功，甚至更快地实现这一目标？

莫尼什：请务必这样告诉你的孩子：答案就在问题之中。等你弄明白了，明年再告诉我吧。

听众：记得你曾经说过，你爸爸给了你一张信用卡，并说他信任你，不需要你告诉他做了什么，花了多少钱。两个月前，我们刚有了第一个儿子。我想问，对于父亲来说，在抚养一个年幼的孩子时，什么是首要的？是信任，还是在抚养过程中就已经确信孩子会做出正确的选择？

莫尼什：这是一个很好的问题。我爸爸是一个非常严格的父亲，就像你知道的那样，我需要在他面前表现得很好。但在我16岁时，他突然变得宽容，允许我从他的钱包里拿钱，无须向他汇报我要做些什么。这种从父亲到朋友的角色转变，让我感到惊讶，甚至以为他别有用意。但最终我意识到，这是一种价值观的传递。

我将这种信任的理念应用到了教育自己的女儿上，甚至没有等到她们16岁。在她们12岁的时候，我就给了她们两张美国运通的白金卡，它们没有设置限额。相较于爸爸当年，我拥有不少现代化工具。那时，爸爸给我的是现金，所以他无法追踪我的具体消费行为。但是当信用卡账单到了，我便知道发生了什么。这是一种隐形的约束，尽管她们可能没有意识到这一点。但实际上，我不曾看到卡有什么动静，她们连10美元都没花过。这倒也让我感到担忧。

作为父母，传递价值观是非常重要的，父母要做良好的榜样。你不能仅仅通过言语来教育孩子，而是要通过自己的行为来影响他们。孩子们会观察你的行为，汲取你的价值观，尤其当你没有意识到他们在观察你的时候。因此，要先让他们学会如何观察事物，以及各事物之间的相互作用等等，这些都会深深植入他们的心里。

刘教授： 我知道您的祖父是印度著名的魔术师，他曾对你产生什么影响吗？

莫尼什： 我的胡子就是学他的，我的祖父留着山羊胡须。但他比我更了不起，他在舞台上的影响力很大，我希望能像他一样。以往夏天，我们常常去他在喜马拉雅山麓的住处。从早上开始，他就带我们一起做魔术，享受各式各样的甜点。他成为了魔术艺术领域的世界第一，这真的很棒。

如何避免集中的投资组合遭受损失？

听众： 您提到沃伦·巴菲特和查理·芒格在投资上的损失厌恶。众所周知，投资的途径多种多样，但当我们聚焦于高度集中的投资组合时，如何实现平衡就变得尤为重要。显然，有些预料之外的事件可能会在公司层面发生，而这些是我们无法控制的。面对这种情况，我们应如何确保自己在面对不可控事件时，不会因为过度集中的投资而遭受重大损失？

莫尼什：在探讨损失规避的概念时，我坚持认为，即使我们在这方面做得过头，也并无不妥。生活中总有一刻，我们需要勇敢地下注，采取行动。然而，尽管人们普遍认为企业家天生就是冒险者，当我们审视那些创立非凡企业的创业者时，会发现他们几乎都会竭尽所能地降低自己所面临的风险。

深入分析这些创业者所承担的风险，我们会发现一个普遍现象：他们通常没有太多的资金。如果资金有限，那么潜在的损失也就有限，下行风险自然得到了控制。以我个人的创业经历为例，当我24岁第一次创业时，我从自己的退休账户中提取了大约2.5万美元。那时，我对退休并不特别关心。我还注册了所有银行提供的信用卡，累积了7万美元的未使用信用额度，这些额度最终都随着业务的发展而被利用起来。当时我深入研究了破产法——现在的法律已经有所不同——了解到如果我的生意没有成功，哪些债务可以被免除，而在24岁时失去退休金并不是一个无法挽回的损失。因此，我仔细权衡了行动的下行风险和上行潜力，发现风险与回报是非常不对称的。

我认为，规避损失是一个极其有效的原则，是一种出色的思维模型。它鼓励我们发挥创造力，激发我们对下注的兴趣，并尝试那些我们认为可能有效的方法。关键在于，我们可以在尽量减少或消除风险的前提下进行这些尝试。

听众：鉴于您刚刚讨论了下行风险的重要性，我好奇您对于在中国投资的看法。近期中国市场经历了一些下跌，特别是在指数投资方面，您是否仍然看好中国市场的前景？

此外，像星巴克和麦当劳这样的公司，它们实际上借入了大量资金进行股票回购，导致它们陷入了负资产的情况。您是否对这种做法及其可能带来的风险感到担忧？

莫尼什：很好的问题。关于中国市场，我必须承认，大部分情况都超出了我的能力范围。因此，我专注于那些我能掌控和理解的领域。几年前，我曾投资过茅台。现在回想起来，我不应该卖掉它。同样，我也曾投资过阿里巴巴和腾讯，但我并没有长期持有，因为这些投资并没有在我们的投资组合中发挥应有的作用。所以，中国市场的大部分公司都超出了我能力圈的范围，我对相关问题的理解就仅此而已。

谈到企业，我认为最好的企业是那些没有债务的企业。我坚信，零债务经营的企业有很多优势。因此，我并不支持公司借钱回购股票的做法，尽管这种做法在很多公司中很常见。这一方面，黄金标准是伯克希尔。沃伦和查理多次表示，他们本可以适度使用杠杆来增加回报，但他们从未这样做。实际上，伯克希尔拥有过剩的现金。

企业非常脆弱，很少有企业能够长久生存，即使是大型主导企业，也很难说能活到30或50年后。其中一个原因是企业没有抵御重压的能力。所有企业都会遇到逆风，你能做的就是建立韧性。大多数管理团队并不这样想。如果他们研究伯克希尔，他们会学习到一些真正伟大的企业特质。对我来说，一个伟大企业的标志是高净资产回报率，且没有使用杠杆,这是伟大企业的经典定义。所以我不支持借钱回购股票,那不是一个好的策略。

听众:我的目标是不要做个愚蠢的人。我该如何辨别投资人的成功是否仅仅是出于运气?我应该提出哪些关键问题来评估他的成功具有可复制性,能让我安心退休?

莫尼什:关于投资经理的选择,识别一个好的投资经理比识别一个好的投资要难得多。因此大部分人的默认选择应该是指数基金。然后,如果有投资机会出现,所有条件都对齐了,那么你就可以去考虑下注。彼得·考夫曼谈到过挑选基金经理的五张王牌。基本上,我们应该关注几个核心要素。首先,利益一致性是关键;其次,良好的业绩记录是评估的基础;再次,我们还要寻找那些展现出特定精神特质和品格的人;最后,我们要观察他们是否在正确的领域内寻找机会,即是否在"有鱼的地方钓鱼"。即使我们找到了这些东西,坚持指数投资也不失为一种稳妥的策略。

加密货币可以忽略,人工智能激动人心

听众:你对加密货币有什么看法?它是一个阴谋吗?加密货币有何价值吗?

莫尼什:关于加密货币,我的看法是,首先,它不在我的能力范围内;其次,我同意查理的观点,他曾经将加密货币比作"老鼠药"。

不管加密货币发生了什么，于我都无关紧要，因为它不是我理解的东西，也不是我会投资的东西。如果它最终成为一个泡沫并破裂，那一点也不奇怪。区块链技术有很多优点，我认为加密货币世界吸引了一些特定类型的人。对我来说，它是个可以轻易被忽略的东西。

听众：您之前谈到了克隆的概念，引发了我的思考。如果您有机会克隆自己或者创建一个数字孪生体，您会选择复制自己的哪些特质或能力？您会出于为后代保存价值的原因而选择这么做吗？

莫尼什：这个问题超出了我的专业范畴，我不确定自己是否有能力回答。不过，我认为投资之所以如此吸引人，是因为它是一门艺术与科学的结合体。我一直在思考的是，人工智能领域几乎每周都有突破性进展，这些成就是我们之前认为不可能实现的。最近，我发现了一个叫 suno.ai 的网站，它根据 7 个单词之类的提示，就可以创作出非常特别的音乐，让我大受震撼。

这也让我思考，我们是否能够利用像沃伦或查理的模板来创建 AI 模型？目前，我对这一点还持怀疑态度，不确定是否能够达到那种精细的程度。但是 AI 无疑可以成为一个有力的工具，帮助我们筛选范围，帮我们从众多公司中找出真正值得深入研究的少数几家。

也许我们可以创建一个"伯克希尔指数"或"巴菲特指数"，它的表现可能会超越标准普尔指数。这些都是值得探索的可能性。然而，世界变化得太快，AI 的发展速度尤其迅猛，我们现在还无法预知其最终影响。但我很高兴能与大家共同探讨这些激动人心的话题。

KKR 研究：
20 世纪 80 年代的
LBO 浪潮

杨昊

信璞投资研究员

前言

美股并非生来就是长牛，生来就是高额分红回购。和中国一样，美国也经历过 10 年股市不涨，也经历过从工业化到去工业化、产能过剩到出清、公司被内部人控制到重视股东回报的转变。20 世纪 80 年代正是孕育这种转折的时代：前 30 年的产业整合诞生了一批体量庞大、业务多元、效率降低、被内部人控制且相对低估的公司；而以养老金为主的机构投资者的占比正在提升，追求股东利益的诉求越来越强。

KKR 在这样一个大背景下，充当了主动管理的金融掮客角色：带着养老金等有限合伙人（Limited Partner, LP）的诉求，教会了企业家族和管理层一个道理：企业价值在内部人和股东之间的分配并非"零和博弈"。在满足金融市场的需求，"投其所好"，给股东创造价值的同时，也能给内部人自己创造价值。

KKR的手段比较简单：买入好资产和烂资产混杂在一起的公司（因为烂资产往往会给公司带来负估值），剥离坏资产，将好资产分拆变卖，从而获利。对于养老金等LP来说，KKR的这套操作帮助他们从"用脚投票"的被动投资人角色，转变为"用手投票"的主动管理者。对于家族等内部人来说，KKR将金融市场的"审美"传达到企业内部，告诉企业家不仅可以赚实业的钱，还可以赚自己股票的钱。在KKR的这套玩法下，最终实现了内部人、股东和中介多方共赢的局面。

这套20世纪的玩法对当今中国依然有很强的借鉴意义。中国的企业还广泛处于被内部人控制的阶段，外部股东很难对企业形成有效约束，股东的声音需要被企业内部听到。无论是KKR一开始所选取的要约收购（tender offer）形式，抑或是后来更"野蛮的"恶意收购（hostile takeover）形式，股东从被动到主动的角色转变需要这些手段去推动。本文研究KKR早期的案例无非是想说：中国投资人除了"买入股票—卖出股票"以外，还有其他的路可以走。

在研究过程中，本文参考了艾伦·考夫曼（Allen Kaufman）和欧内斯特·英格兰德（Ernest J. Englander）发表于1993年的文章《科尔伯格·克拉维斯·罗伯茨公司与美国资本主义的重构》（*Kohlberg Kravis Roberts & Co. and the Restructuring of American Capitalism*）。由于年代久远，对当时事实的判断多来自《纽约时报》等刊物的报道。

历史背景：重回自由主义

(一)20 世纪 20—60 年代：政府管制催生臃肿庞大且被内部人控制的集团企业

大萧条后，政府管制和宏观调控取代了放任自由的经济学，大政府取代了大市场，在美国具象化为罗斯福新政和凯恩斯主义。这一时期的干预和管制对 KKR 的 LBO（即杠杆收购，Leveraged Buyout）生意具有非凡的意义：一是金融管制为企业扫清了"门口的野蛮人"，没有了股东约束的企业管理层可以充分地控制企业，利益分配由股东向内部人倾斜，从而谋求企业扩张；二是严格的反垄断法使得企业扩张由横向（相同或相似产品公司之间的并购行为）和纵向（在供应链上下游的企业之间的合并）并购转为多元化并购（产品、市场或技术等方面关联性较小的并购），影响经营效率。内部和外部因素的叠加，使得这一阶段的政策催生了一大批庞大臃肿、复杂多元、效率低下且被内部人控制的企业。这些"养肥了"的企业不可避免地成为 LBO 最好的"猎物"。

1. 金融管制

1933 年以来，美国出台了一系列法案限制金融机构持有实体企业的股权，以防止过度集中经济权力，保护市场的竞争性。这些法案包括：

《格拉斯 – 斯蒂格尔法案》（Glass-Steagall Act，1933 年），这项法案严格限制了商业银行、投资银行和保险公司之间的业务交叉，禁止商业银行从事证券投资和股票承销业务，也禁止银行从事非金融业务。

法案旨在分离银行业和证券业，避免金融机构在持有实体企业时形成垄断和利益冲突。

《银行控股公司法案》（Bank Holding Company Act，1956年），该法案规定，银行控股公司不得持有非银行公司5%或以上的有投票权股份。这一法律的目的在于防止银行控股公司通过持有实体企业的股份来过度扩展其影响力，并抑制金融集团对实体经济部门的控制。

《1940年投资公司法》（Investment Company Act of 1940），该法案对共同基金等投资公司施加了限制，特别是在集中持股方面。为了防止这些基金对所投资的公司施加过多的控制，该法案通过不利的税收政策限制了他们的持股比例，确保了管理者的自主性。

1968年商业银行信托部门的监管法规，这一系列法规规定，商业银行的信托部门不得持有单个公司10%以上的股份。法规的目的是防止商业银行通过信托部门过度集中经济权力，并对实体企业施加不适当的控制。

政策的效果很明显。外部股权被分散，管理层和创始人家族摆脱了外部股东的约束，这使得公司利益分配朝向内部人倾斜，产生了严重的委托代理问题：内部人倾向于将收益留存于企业内部以谋求企业扩张，而非将收益与股东分享（这会解释下一部分将讨论的，为什么就算多元化并不能带来企业效率的提升，1960年的美国企业仍要进行多元化并购）。换句话说，"这些法案保证了公司的管理层可以任意挥霍公司的财产"。

这一点反映在股东回报当中。图1展示了自1871年至2017年，标普500（S&P500）成分股的股东回报率（分红与净回购金额之和除以股价)。可以清楚地看到,自 1950 年开始,股东分红 + 回购所获得的收益率从之前的 5% 上下,缩减到 3% 上下,这个比例一直持续到上世纪 70 年代初期。造成这个现象的原因,不是企业盈利水平的下降,而是股东回报意愿的下降。从图 2 可以看到,标普 500 成分股的分红比例(当年分红占当年盈利的比例)从 1950 年之前的超过 60%,下降到了 70 年代的 40% 左右。

2. 反垄断

美国反垄断政策的变化深刻影响着历次的并购浪潮。

第一次并购潮(1896—1904 年):反垄断较为松懈,公司并购以同行业横向为主。19 世纪末,美国经济进入快速工业化阶段,钢铁、铁路、石油等行业迅速发展,大型企业开始主导各自的市场,竞争日益激烈。企业为了减少过度竞争、稳定市场价格,开始寻求合并以实现垄断或寡头市场。当时的反垄断法律仅有 1890 年通过的《谢尔曼反托拉斯法》,且内容比较模糊,难以具体执行,尤其是对并购的规定相对有限。

第一次浪潮中的代表性案例有:

· 美国钢铁公司(U.S. Steel):1901 年,由 J. P. 摩根主导的 8 家钢铁公司合并而成,是当时世界上最大的企业。

· 标准石油公司(Standard Oil):由约翰·D. 洛克菲勒控制,标准石油通过并购控制了全美石油产业的多个环节,成为经典的垄断案例。

第二次并购潮(1922—1929 年):反垄断渐严,公司并购以纵向为主。为了补充谢尔曼法的不足，美国在1914年出台了克莱顿法。该法明确禁止可能大幅减少市场竞争的并购行为（比如横向并购），并授予联邦贸易委员会（FTC）和司法部反垄断部门更大的权力来审查和阻止这些并购。该法案的结果是企业并购从横向转向纵向，最典型的案例是通用汽车（General Motors）。

通用汽车在这一时期通过大量并购控制了多个汽车制造商以及相关零部件供应商，逐渐纵向扩张成为一个庞大的生产联合体。

第三次并购潮（1965—1970年）：政府管制，严格反垄断，公司并购以多元化为主。"二战"后，凯恩斯主义登场，美国在1950年颁布了克莱顿法的修正案——塞勒-凯弗沃法案。该法案规定：不仅通过股票收购，通过资产购买来减少竞争的并购也受到限制。同时法案要求进一步加强对纵向并购的监管。自此，企业开始转向多元化并购，即跨行业并购，以规避严格的反垄断监管。多元化并购导致了大量企业集团的形成。这些集团通过控制多个行业中的不同业务，实现了横跨多个经济部门的多元化经营。这一阶段的代表性案例有：

·IT&T（International Telephone & Telegraph）：通过一系列大规模跨行业的并购，从一家电信公司发展成为一个多元化的跨国企业集团，涉足电信、保险、酒店、消费品等多个领域。

·利顿工业（Litton Industries）：通过大规模的跨行业并购，从原本的军工企业扩展到多个领域，包括办公设备、电子设备等。

反垄断趋严使得企业并购的业务之间的协同性、规模性越来越差。许多经济学家已经证明：第三次多元化并购浪潮并没能带来美国企业经

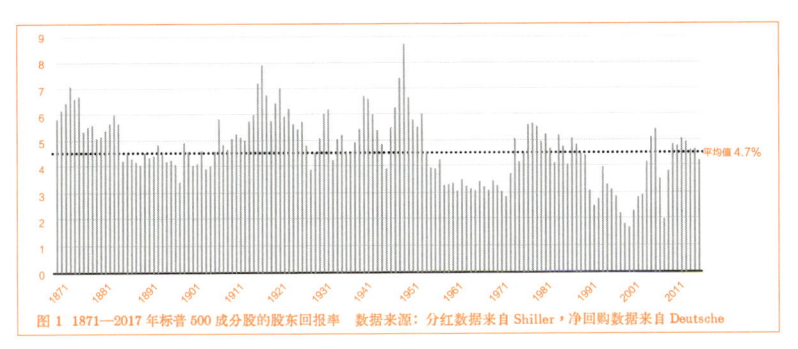

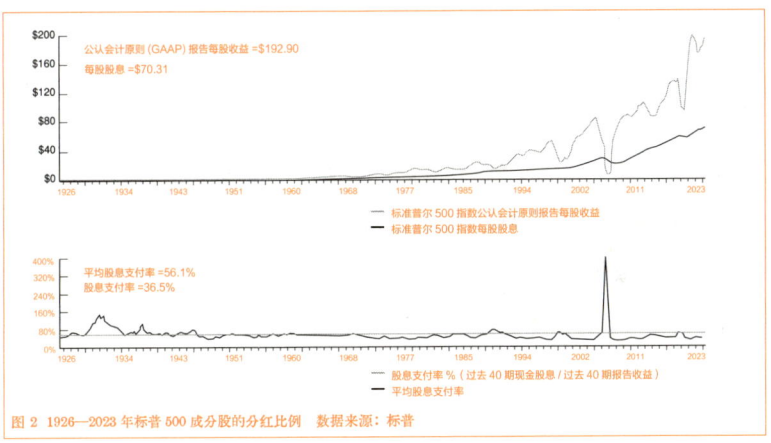

图 1　1871—2017 年标普 500 成分股的股东回报率　数据来源：分红数据来自 Shiller，净回购数据来自 Deutsche

图 2　1926—2023 年标普 500 成分股的分红比例　数据来源：标普

	横向并购占比	纵向并购占比	多元化并购占比
第一次并购浪潮（1896—1904）	80%	15%	5%
第二次并购浪潮（1922—1929）	45%	40%	15%
第三次并购浪潮（1965—1970）	20%	20%	60%

表 1　前三次并购浪潮中，各并购类型的数量分布
数据来源：《看得见的手：美国企业的管理革命》(The Visible Hand: The Managerial Revolution in American Business)

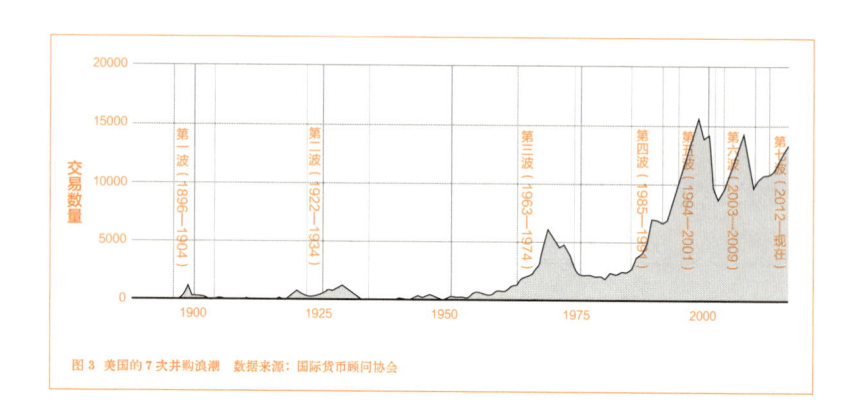

图 3 美国的 7 次并购浪潮　数据来源：国际货币顾问协会

第一波（1896—1904）
第二波（1922—1934）
第三波（1963—1974）
第四波（1985—1991）
第五波（1994—2001）
第六波（2003—2009）
第七波（2012—现在）

营效率的提升，反而使得企业的管理变得困难。美国联邦贸易委员会也对 20 世纪 60 年代美国企业并购进行了研究，结果表明：有 3/4 的并购企业的收益少于并购前两个独立企业的收益之和。同时，这些大型的集团企业往往在股票市场中被低估（直到现在也是如此）。这使得以低价买入集团企业，分拆不相关的业务，待经营效率改善后单独出售变得有利可图——这正是 KKR 能在 LBO 中崛起的重要基础。

现在，可以把上述事实串联起来：管制政策使得企业家摆脱了股东的约束，他们倾向于将收益留存于企业内部以寻求扩张；而反垄断迫使管理层以多元化并购的方式实现扩张，企业效率下降，臃肿而庞大的"猎物"由此养成。

(二)20 世纪 80 年代：管制放松，以市场手段集中解决历史问题

70 年代的滞胀送走了凯恩斯主义和政府管制，欧美分别以里根经济学和撒切尔主义宣告新自由主义的回归。英国的撒切尔将一系列公共事

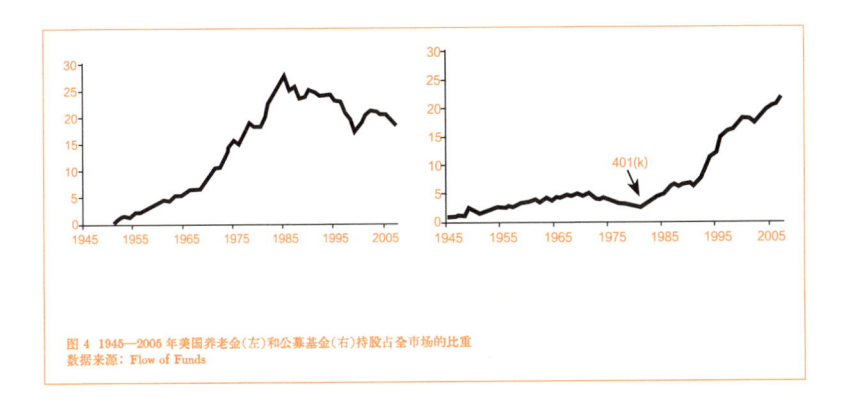

图 4 1945—2005 年美国养老金(左)和公募基金(右)持股占全市场的比重
数据来源：Flow of Funds

业私有化、去监管化，美国政府也拒绝为低效的过剩资产制定系统的产业政策，选择以市场的手解决经济问题。以 KKR 为代表的金融资本用 LBO 手段收购、分拆、变卖上一阶段形成的臃肿大企业，正是新自由主义回归的微观体现。这是理解 KKR 崛起的大历史背景。

同时，KKR 和 LBO 的兴起还有其他几个因素。

一是美国公司委托代理问题的集中爆发和解决。近半个世纪的金融管制在运行的后期必然出现问题。一个很明显的逻辑是，随着美国在"二战"后的快速发展，资本积累得越来越多，公募基金和养老金的规模越来越大，机构投资者的占比提升，他们必然要求更大的话语权。到 20 世纪 80 年代，养老金基金几乎控制了全美企业 25% 的股权，但是囿于管制时代的金融政策，机构持股十分分散。尽管总的资管行业持股很高，但是单个机构持股比例被要求保持在 5% 以内，难以对公司管理层形成影响。为了解决这一困境，机构投资者寻求在他们持有大量股份的公司董事会中拥有更多的话语权。公共养老金基金甚至成立了一个协会——"机构投资者委员会",将各家分散的股权"联合"起来,形成一个类似工会的组织,统一行权。

KKR 一开始扮演的就是"机构投资者委员会"这个中介代理角色。公共养老金先为 KKR 融资成为 LP,KKR 再以产业资本(Industrial Holding)的身份巧妙规避掉金融监管,代表 LP 统一行权,对标的进行并购,使得养老金机构的角色从用脚投票转换为用手投票。例如,俄亥俄州立养老金基金从 1980 年以来就一直陪伴 KKR。到 1986 年末,美国已有 11 个州级养老金成为 KKR 的 LP,并在 KKR 于 1987 年发起的 61.3 亿美元规模(当时有史以来的最大规模)的基金中,提供了高达 53% 的资本。

二是控制企业的内部人也有着同样的资本运作诉求。内部人有两类:第一类是家族。其诉求很清晰,即如何在不丧失对家族企业控制权的情况下,尽可能地减少如遗产税等财富代际传承的损耗。第二类是职业经理人。当时的多元化并购已经使得一些经理人意识到企业在走下坡路,管理成本的提升也让他们希望找到一种既能不丧失自己经营管理权,又能实现企业减负的方案。而 KKR 的 LBO 正好可以满足这两类内部人的需求。

KKR 做了什么

1976 年 5 月 1 日,亨利·克拉维斯(Henry Kravis)和乔治·罗伯茨(George Roberts)与他们的导师杰罗姆·科尔伯格(Jerome Kohlberg)共同出资 12 万美元创立了 KKR。三人都曾在贝尔斯登工作。创业的起因是，科尔伯格在贝尔斯登的投资银行业务中较早认识到：存在一个专门的市场，适合于"举债交易"，即后来被称为杠杆收购的企业并购方式。

从1976年开始，KKR开始募集基金进行LBO交易。他们的产品命名很简单，1976年募集结束、开始运作的基金就叫作"1976 Fund"，其他以此类推。20世纪70—80年代是以KKR为弄潮儿的LBO大放异彩的时代，在这之后的KKR也难以复制当年LBO的盛况。因此本文选取KKR在1976—1996年发行的产品作为研究对象。

(一)大择时：大熊市末端入场

基金名称	募资规模	交易规模	杠杆倍数	内部回报率	成立当年道指收益率	成立当年十年美债收益率
1976 Fund	31	777	24.1	36%	38%	7.0%
1980 Fund	357	1638	3.6	26%	4%	12.5%
1982 Fund	328	2450	6.5	40%	-9%	13.0%
1984 Fund	1000	7895	6.9	29%	20%	12.5%
1986 Fund	672	21 470	30.9	31%	28%	7.0%
1987 Fund	6130	41 327	5.7	14%	23%	8.5%
1993 Fund	1946	7163	2.7	22%	4%	6.0%
1996 Fund	6012			13%	33%	5.5%

表2 1976—1996年KKR所有产品一览表(单位：百万美元)　数据来源：KKR

大的历史背景已经交代清楚：从管制向自由转向，积累了一大批庞大而臃肿的企业，去产能、委托代理问题的积压。这里进一步把 KKR 的行为放进股市和时间坐标系中，可以更加清晰地看到 KKR 是如何踩中"时代红利"的。

20 世纪 70 年代，美股基本上处于 10 年的横盘状态，标普 500 指数的市盈率（Price-to-Earnings Ratio, PE）从 1971 年的 18 倍，压缩至 1980 年的不到 8 倍。而与此同时，美国传统的、被认为过剩的工业制造产能在逐渐出清。这一过程可以用美国铁路运营里程数来表示。在工业化的时代，美国不断大兴基建，铁路运营里程数节节攀升，持续新高。但在产能出清阶段，则变为拆掉铁路，运营里程数从 30 年代以来持续下滑，并从 80 年代开始急剧缩减。

所以 KKR 在 1976 年创业时，站在了这样一个时点：熊市的末端，未来 20 年长牛的开始，估值极其便宜，过剩行业产能大量出清的开始阶段。因而我们可以把 KKR 的生意理解为：在熊市末端、牛市初期，以相对较低的估值买入庞大、效率偏低，但可以在行业底部屹立不倒的企业。等待产业出清后，通过分拆、剥离、重组的方式转变企业经营效率，并在牛市高价出手。

（二）股市高位融长钱，利率低位加杠杆

KKR 在 1976—1986 年间发行的产品内部回报率（Internal Rate of Return, IRR）都在 25% 以上，给投资人带来了显著的回报，而这段时间也正是美国 LBO 交易最火热的阶段，KKR 也因此成为当时世界上最负

盛名的投资机构。

美国股市在80年代逐渐走出了滞胀带来的10年盘整,进入上升通

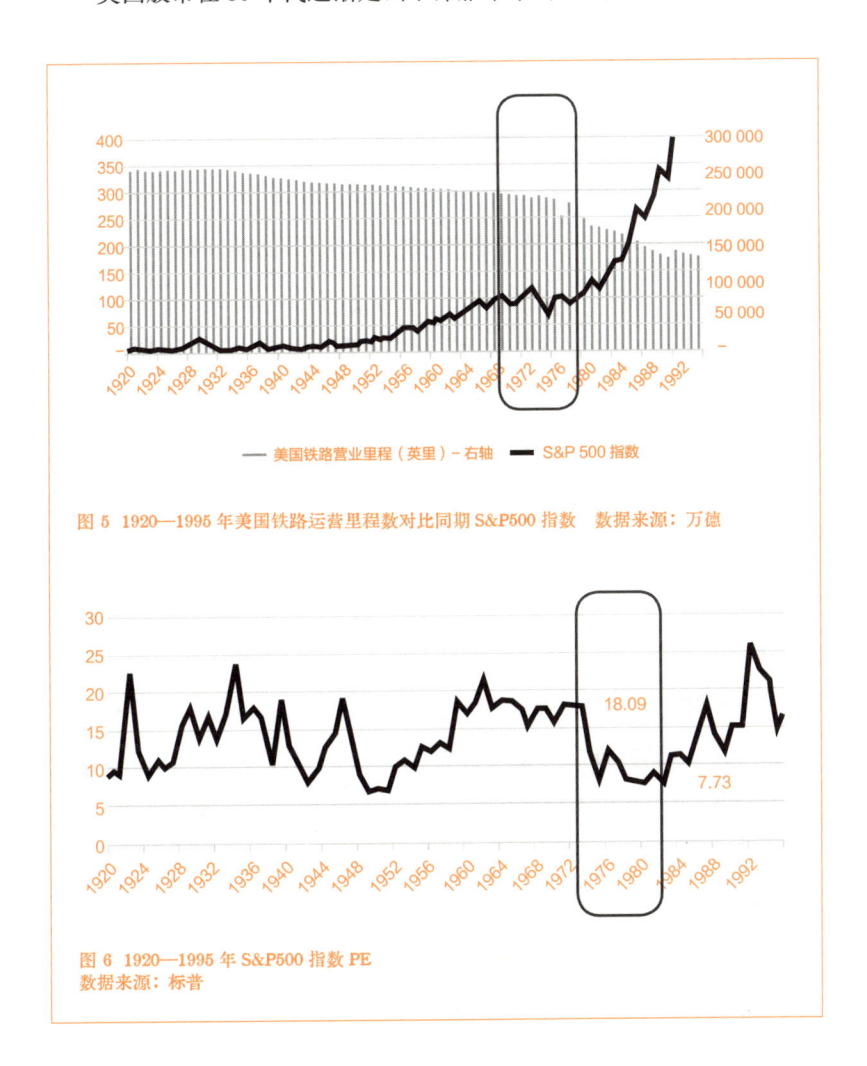

图5 1920—1995年美国铁路运营里程数对比同期S&P500指数　数据来源:万德

图6 1920—1995年S&P500指数PE
数据来源:标普

道。KKR抓住这期间股市阶段性特点，高点融资。历年产品的融资额随着股市的转好而水涨船高，并在1987年黑色星期一之前的阶段性大顶募资突破了60亿美元。KKR在高点融资的做法对应了美国历次并购浪潮的特点，即并购是顺周期的，每一次美股的大牛市对应着一次并购浪潮的高点。关于为什么并购是顺周期的，上交所在《美国百年并购历史回顾及启示》中提出原因有三：经济稳定增长是并购浪潮形成的先决条件；产业转型升级是驱动并购浪潮的内在动因；良好的资本市场环境是并购浪潮的助推器。

KKR的资金来源大多是久期较长的机构。例如，1976年KKR发行第一支基金，投资人是一些家办和银行机构，包括希尔曼公司（Hillman Company）和第一芝加哥银行（First Chicago Bank）；第一支基金取得非常可观的收益后，各州养老金等长钱纷至沓来。1980年，KKR迎来了首个养老金客户，俄勒冈州财政部的公共养老金出资1.78亿美元认购了1980 Fund；随后，其他寻求比债券更高收益的各州养老金，如华盛顿州和密歇根州，也纷纷加入。

KKR高收益的另一个重要来源是杠杆。其在1976—1993年间发行的、可以查到数据的7支产品基本上都是3倍杠杆起步。即便是在1980—1984年，沃尔克暴力加息，将美国联邦基金利率从1979年10月的11.6%提升至1980年4月的接近20%的背景下，KKR新发行的基金仍然可以运用6—7倍的杠杆。而在利率相对宽松的时期，KKR的基金则可以把杠杆加到令人难以置信的20—30倍。

KKR最早的贷款人是银行和保险公司。例如，1981年KKR一笔交易的资金安排是：10% 由 LP 随并购基金提供，60% 由放贷银行提供，剩下的 30% 则由保险公司的次级贷款提供。但是到了 1980 年中期，随着垃圾债大王迈克尔·米尔肯及其所属的德崇证券（Drexel）控制了新发行次级债券市场 57% 的份额，KKR 终止了与保险公司的合作，转向由德崇提供的看似取之不尽的垃圾债资本。例如，1986 年 KKR 收购碧翠丝（Beatrice）的 87 亿美元的资金安排为：22 亿来自所募集的并购基金，40 亿来自银行贷款，剩余 25 亿来自德崇证券提供的垃圾债。

(三)"文明人"的身份起家，和内部人紧密合作

那本著名的讲述 RJR 纳贝斯克公司（RJR Nabisco）收购案的书似乎将 KKR 永远地和"野蛮人"形象捆绑在一起。但事实是，KKR 在创业最初的 10 年中，一直采取和内部人紧密合作的要约收购方式收购公司。

和内部人合作的理念来自创业三人中的老师，科尔伯格。他相信，一家公司想要高效地经营，最好由一小部分积极主动的投资者连同公司主要的管理层拥有，而不是"几千个"要时间没时间、要技术没技术的股东。在这样初始的理念下，科尔伯格为其创业伙伴制定了三项原则：

第一，他只与内部管理层合作进行杠杆收购，后者拥有评估公司潜在价值并执行商业计划的必要知识。

第二，他只专注于那些产生强劲现金流的稳定工业企业，因为这些现金流对杠杆收购所产生的沉重债务至关重要。

第三，为了确保管理层在收购的每个阶段都积极合作（即降低代理

成本），科尔伯格建议向高级管理层分配丰厚的股票激励，使他们从公司的管理者一跃成为所有者。

正如在历史背景中所介绍的那样，当时许多企业的管理层或家族都有着对公司资本化运作的需求，内部和外部的诉求相匹配，促成了KKR很多的交易。以下介绍几个典型案例以佐证这一观点。

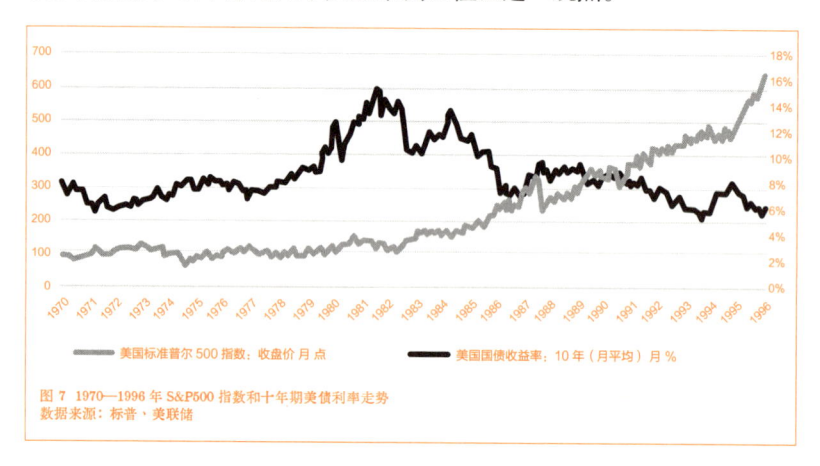

图7 1970—1996年S&P500指数和十年期美债利率走势
数据来源：标普，美联储

1. 霍代尔工业公司（Houdaille Industries，1979）

霍代尔工业公司成立于1919年，是美国首屈一指的减震器制造商，业务从减震器逐渐扩展到其他汽车零部件。到20世纪30年代，霍代尔工业公司已成为底特律最大的汽车零部件分包商之一。"二战"后，业务逐渐从汽车零部件扩展到其他行业，如建筑材料、工业产品、军工、精密机床等等，成为一个大型的重工业集团。1932年，霍代尔在纽交所上市。

1979年被收购前的情况是：霍代尔经营稳健，保持一定的增长，净资产收益率（Return on Equity, ROE）在15%以上，现金大于负债；但是股票被低估，当时价格为每股 14.50 美元，而每股账面净资产为 19.23 美元，0.75×PB（Price-to-Book Ratio，市净率）。同时，执掌公司 16 年的 CEO 杰瑞·萨尔塔雷利（Jerry Saltarelli）想要辞职退休并出售所持股份。根据萨尔塔雷利当时的采访，他所面临的困境是：直接出售股份实现退出会使得公司股价下跌，并使得公司很容易被其他公司并购，这会丧失霍代尔的独立性并带来裁员的可能。而且以当时 0.75 倍的估值出售股票显然也有损他自己的利益。

1979 年 3 月，萨尔塔雷利和 KKR 达成了并购协议：KKR 将以较市价溢价 1 倍多、每股 40 美元的价格将霍代尔私有化，即 3.55 亿美元的估值，13×PE，2.2×PB。3.36 亿美元的资金安排中，仅 4500 万美元来自 KKR 本身，6000 万美元来自银行借款，约 2.5 亿美元来自高收益债券。同时，萨尔塔雷利将如愿退休，高价变现自己股票的同时，他还获得了 500 万美元的退休金；霍代尔的下一任 CEO 将由在公司工作了 25 年的副总裁菲利普·奥莱利（Phillip O'Reilly）担任，并且其薪资翻倍。KKR 派出科尔伯格担任霍代尔的董事长，但是并不干预公司日常经营管理，公司保持了独立性。在收购达成后，KKR 将并表霍代尔，收购带来的 3.1 亿美元的贷款和债务也将由霍代尔偿还。但这并不损害霍代尔公司的利益，因为其利润稳定。债务带来的还本付息支出反而可以形成"税盾"（Tax Shield），规避当时高达 45% 的所得税。

1981 年，KKR 对霍代尔进行了重组计划。公司被拆分为 7 个部门，在随后的 6 年间分开出售（这也验证 KKR 买入臃肿企业后分拆变卖的判断）。

KKR 和内部人联手，达成了多方共赢的效果。

Houdaille

百万美元	1969 年	1970 年	1971 年	1972 年	1973 年	1974 年	1975 年	1976 年	1977 年
ROE	14.9%	7.7%	9.2%	13.4%	16.3%	15.6%	13.7%	17.3%	16.7%
ROA	9.4%	4.8%	5.8%	8.1%	10.1%	10.2%	9.2%	11.6%	11.4%
毛利率	24.8%	19.6%	18.4%	19.8%	20.0%	21.8%	23.8%	26.3%	25.1%
营业利润率 (EBIT)	11.6%	6.0%	7.0%	9.4%	9.6%	10.0%	10.2%	12.6%	11.6%
净利率	6.5%	3.6%	4.2%	5.2%	5.6%	5.7%	6.0%	7.5%	7.0%
收入	203	188	201	247	305	318	292	333	386
净利润	13	7	8	13	17	18	17	25	27
归属净利	13	7	8	13	17	18	17	25	27
总资产	140	141	145	158	170	179	190	213	236
净资产	88	88	91	96	106	117	126	143	162
销售管理费用率	13.1%	13.6%	11.4%	10.5%	10.3%	11.8%	13.6%	13.7%	13.4%
折旧摊销费	3.7%	4.0%	3.7%	3.2%	2.7%	2.8%	3.1%	2.9%	2.5%
财务费用率	0.8%	0.9%	1.0%	0.8%	0.6%	0.6%	0.6%	0.5%	0.4%
所得税率	46.1%	43.1%	42.0%	44.4%	44.2%	44.2%	45.3%	45.1%	45.1%
现金占比	13.1%	13.9%	17.5%	13.5%	12.9%	10.0%	17.9%	13.4%	15.0%
长期投资占比	0.1%	0.0%	0.0%	0.0%	0.0%	0.0%	0.0%	0.0%	0.0%
存货占比	30.2%	29.2%	27.0%	25.8%	27.2%	31.6%	27.4%	29.5%	27.1%
应收款占比	23.2%	19.4%	19.3%	24.4%	26.6%	26.3%	21.4%	19.8%	23.1%
应付款占比	7.2%	6.7%	6.4%	9.5%	9.6%	7.5%	7.3%	7.8%	7.4%
经营负债 / 总资产	-16.1%	-12.7%	-12.9%	-14.9%	-17.0%	-18.8%	-15.1%	-12.0%	-15.7%
重资产占比	32.3%	36.1%	34.9%	35.1%	32.1%	31.3%	32.8%	36.5%	33.4%
负债率	37.0%	37.3%	37.1%	39.6%	37.8%	34.8%	33.4%	32.8%	31.4%
有息负债率	21.8%	21.6%	19.9%	18.2%	17.0%	15.6%	14.1%	12.0%	10.6%
存货周转天数	106	105	91	78	72	86	89	97	84
应收账款周转天数	59	53	51	57	54	54	51	46	52
应付账款周转天数	25	24	22	29	25	20	24	26	23
固定资产周转率	4.59	3.75	4.04	4.82	5.98	6.07	5.28	4.98	5.64
总资产周转率	1.45	1.33	1.39	1.56	1.79	1.78	1.54	1.56	1.63
员工人数					8478	7800	6600	7200	7700
人均收入（万美元）					3.6	4.1	4.4	4.6	5.0
人均利润（万美元）					0.2	0.2	0.3	0.3	0.4
股本数（百万股）	8.30	8.30	8.30	8.40	8.40	8.40	8.40	8.40	8.40
每股净资产	10.62	10.62	10.92	11.44	12.65	13.92	15.09	17.10	19.23
每股净利润	1.58	0.82	1.01	1.53	2.06	2.17	2.07	2.96	3.21
现金红利	7	6	5	6	7	7	7	8	8
回购	—	—	—	—	—	—	—	—	—

图 8 霍代尔卡片　数据来源：公司年报

2. 金霸王（Duracell，1988）

金霸王（或译为劲霸）是美国最大的电池生产商，可以类比国内的南孚电池。1987 年，金霸王电池的业绩创下历史新高，净利润上升至 5300 万美元，销售额达到 11 亿美元。但是，金霸王仅是食品加工巨头克拉夫（Kraft）旗下的一个部门，与母公司的主要业务并无直接关联。

1987年末，金霸王电池的CEO罗伯特·基德（Robert Kidder）获悉克拉夫计划将公司出售给战略买家。为了能够掌控公司的未来，他开始与KKR等潜在的金融投资者探讨管理层收购（Management Buy-Outs, MBO）的可行性。经过5个月的谈判，KKR于1988年以20亿美元（40×PE）的报价成功收购金霸王。

在收购谈判期间，基德曾向KKR表示，如果公司出售不盈利的边缘资产、削减管理费用和库存水平，并采取其他措施加强对运营的控制，其盈利能力可能会大大提高。为了使薪酬制度与公司目标保持一致，KKR安排金霸王的35名高管购买或免费赠予他们公司9.85%的股票期权。在这些强有力的新激励措施的推动下，金霸王公司的管理人员在收购的第一年就将现金流提高了50%以上，并在随后的几年中每年提高20%左右。

1991年5月，金霸王电池通过首次公开募股（Initial Public Offering, IPO）发行了3450万股股票，发行价为每股15美元。上市后，KKR通过部分出售股份，成功收回其3.5亿美元。1996年9月，KKR通过换股交易将金霸王电池出售给了吉列公司。最终，KKR及其投资者从这笔交易中获得了总计23亿美元的现金及15亿美元的股票收益。

金霸王的管理团队也从这笔交易中获得了丰厚的回报。截至1996年金霸王再次出售时，当年的35名高管所持股票的价值已增长了11倍。基德在1994年底提前退休，凭借其在金霸王的丰厚收益，转而进入酿酒行业，开启了他的第二次创业。

3. 沃梅特科企业(Wometco Enterprises，1984)

沃梅特科成立于 1925 年，由米切尔·沃尔夫森（Mitchell Wolfson）创立。这家公司初期是一家总部位于迈阿密的连锁电影院，后来逐渐成为南佛罗里达州最大的连锁电影院。20 世纪 50 年代，沃梅特科开始走向多元化：先后收购了佛罗里达州、威斯康星州等 8 个州的 46 个电视台和广播电台，并开展了全国性无线订阅电视服务。其后也开展了海洋馆、连锁零售等产业，逐渐发展为一家拥有多元化资产的大型媒体娱乐公司。沃尔夫森家族控制着公司 26% 的股权。

沃梅特科在被收购前，尽管因多元化发展而背负较高杠杆，但是 ROE 长期维持在 13% 以上，经营状况其实比较稳定。变故发生在 1983 年。在这一年，掌管这家企业 60 年的米切尔·沃尔夫森因心脏病去世，而直到去世前，他仍然是董事长，并且是沃梅特科最大的股东。沃尔夫森有三个子女：最希望继承家族企业的大儿子路易丝·沃尔夫森二世（Louis Wolfson II）在父亲去世的前一年离世；小儿子小米切尔·沃尔夫森（Mitchell Wolfson, Jr.）和女儿弗朗西斯·沃尔夫森·卡里（Frances Wolfson Cary）尽管继承了父亲在公司的股份，但是并不想接手这个家族企业，最终由女婿埃尔顿·卡里（Elton Cary）暂时接任董事长。家族在老董事长去世后不久就聘请了德崇证券作为财务顾问，为其寻找合意的买家。

老沃尔夫森去世时，沃梅特科的股票交易价格为每股 25.75 美元（合 4.5 亿美元市值，2.3×PB，17×PE）。1983 年 7 月至 9 月间，KKR 与沃梅特科管理层、沃尔夫森家族进行了谈判，并按照每股 46.50 美元（10.5 亿美元市值，5×PB，40×PE）的价格达成了私有化协议。按照

Wometco Companies

百万美元	1975年	1976年	1977年	1978年	1979年	1980年	1981年	1982年
ROE	15.7%	17.8%	13.5%	17.1%	14.9%	14.3%	13.7%	13.3%
ROA	7.5%	9.1%	6.2%	8.3%	7.5%	6.2%	5.4%	5.4%
毛利率	26.2%	26.3%	24.4%	26.3%	25.9%	26.6%	26.2%	26.5%
营业利润率(EBIT)	12.9%	13.4%	12.3%	13.2%	12.1%	11.5%	12.3%	11.9%
净利率	6.4%	7.5%	5.6%	6.7%	6.2%	5.8%	5.6%	5.3%
收入	181	202	225	279	307	357	434	493
净利润	12	15	13	19	19	21	24	26
归属净利	12	15	13	19	19	21	24	26
总资产	155	168	204	226	256	338	448	478
净资产	74	86	94	110	128	145	178	195
销售管理费用率	13.3%	13.0%	12.1%	13.1%	13.8%	15.1%	13.9%	14.6%
折旧摊销费	6.2%	5.9%	5.7%	5.7%	5.9%	6.3%	7.0%	7.2%
财务费用率	2.3%	2.0%	2.2%	2.2%	1.8%	2.5%	4.1%	4.2%
所得税率	39.0%	42.2%	40.0%	37.3%	37.6%	35.6%	31.5%	31.3%
现金占比	8.0%	3.9%	9.7%	4.4%	1.8%	3.9%	6.6%	5.4%
长期投资占比	3.7%	6.5%	5.8%	4.0%	2.7%	2.3%	2.7%	2.7%
存货占比	4.3%	5.3%	5.7%	6.1%	5.6%	5.1%	5.3%	4.3%
应收款占比	8.9%	8.6%	8.7%	9.7%	9.4%	8.4%	8.7%	9.8%
应付款占比	4.6%	7.4%	5.8%	6.0%	7.8%	7.5%	5.9%	6.1%
经营占款/总资产	-4.3%	-1.1%	-2.9%	-3.7%	-1.6%	-0.9%	-2.8%	-3.8%
重资产占比	67.0%	67.1%	62.1%	68.7%	72.6%	69.0%	68.9%	70.9%
负债率	52.4%	48.9%	53.9%	51.3%	49.9%	56.9%	60.2%	59.2%
有息负债率	37.0%	33.5%	38.9%	34.1%	30.3%	37.3%	41.0%	39.2%
存货周转天数	20	24	27	26	25	26	30	23
应收账款周转天数	28	26	29	28	29	29	33	35
应付账款周转天数	21	33	27	26	35	39	33	32
固定资产周转率	1.98	2.01	1.98	2.11	1.87	1.72	1.65	1.68
总资产周转率	1.17	1.20	1.11	1.24	1.20	1.06	0.97	1.03
员工人数	5450	5484	5489	5866	6398	6700	7537	7334
人均收入(万美元)	3.3	3.7	4.1	4.8	4.8	5.3	5.8	6.7
人均净利润(万美元)	0.2	0.3	0.2	0.3	0.3	0.3	0.3	0.4
股本数(百万股)	15.90	16.00	15.80	16.00	16.50	16.70	17.00	17.30
每股净资产	4.64	5.37	5.95	6.89	7.79	8.72	10.48	11.30
每股净利润	0.73	0.95	0.80	1.18	1.16	1.25	1.43	1.51
现金红利	3	3	3	4	5	5	6	7
回购	3	1	2	1	1	1	1	0

图9 沃梅特科企业卡片 数据来源：公司年报

交易协议，沃尔夫森家族实现了股权变现，套现2亿多美元，并转身投入慈善、教育、艺术、医疗和房地产生意；现任各业务板块的管理层得到保留，并在未来被出售后依然获得留任。KKR则将沃梅特科分拆为两家公司并变卖获利。

也正是因为 KKR 和内部人的算盘打得太响了，1985 年 3 月，沃梅特科的非控制股东集体将公司大股东、管理层和 KRR 告到了法院，其诉讼的要点是董事在批准收购协议时，将自己的利益置于股东利益之上。最终该诉讼达成了庭外和解，原告股东获得了总额 397 万美元的赔偿。

(四)收购过度多元化的企业，分拆重组后变卖

正如在大背景的介绍中所述，KKR 的 LBO 赶上了时代的红利，凑巧参与到了美国这波集中解决大企业问题的浪潮之中。上一小节的案例其实已经可以说明这一特点，再多补充几例。

1. 碧翠丝(1986)

碧翠丝从 20 世纪 50 年代起就是美国最大的食品和消费品公司，相当于那个时代的达能、卡夫。当时《财富》杂志将其评为美国经营最好的公司之一，也是美国 40 家最大的工业公司之一，在当时比波音、3M、可口可乐和迅速崛起的施乐还要大。

碧翠丝成立于 1894 年，以牛奶、黄油等乳制品生意起家。到 1930 年，该公司拥有 157 家工厂，成为继国家乳品公司（National）和博登（Borden）之后的第三大乳制品公司，也是黄油领域的领头羊。1943 年开始，碧翠丝进入多元化并购的扩张阶段，先后收购了安飞汽车租赁（Avis Car Rental）、倍儿乐（Playtex）、盛德（Shedd's）、纯果乐（Tropicana）、约翰·塞克斯顿（John Sexton & Co）、好又多（Good & Plenty）等众多品牌。到了 80 年代，碧翠丝通过多元化并购，从黄油和乳制品行业进入了基本上所有的食品饮料行业，以及箱包、家具建材、服饰等其他消费品行业，成为一个由来自 27 个国家的 400 家食品和非食品公司生产的 9000 种产品组成的多元化帝国。

缔造这一庞大商业帝国的是 1952 年起担任公司 CEO 的比尔·卡恩斯（Bill Karnes）。卡恩斯生于 1911 年，1936 年一毕业就加入了碧翠丝，从普通员工一步一步做到了 CEO 的位置。在他长达 30 年的任期里，

Beatrice

百万美元	1976 年	1977 年	1978 年	1979 年	1980 年	1981 年	1982 年	1983 年	1984 年
ROE	15.8%	16.3%	14.2%	14.5%	13.9%	16.1%	2.0%	21.4%	20.3%
ROA	8.6%	8.7%	7.1%	7.3%	7.2%	8.2%	0.9%	9.7%	4.6%
毛利率	24.4%	24.1%	24.4%	24.1%	24.0%	24.1%	26.2%	26.5%	27.9%
营业利润率（EBIT）	7.2%	7.3%	7.5%	7.4%	7.4%	7.1%	7.6%	7.5%	5.9%
净利率	3.5%	3.5%	3.5%	3.5%	3.5%	4.3%	0.5%	4.6%	3.8%
收入	5289	6314	7468	8291	8773	9024	9188	9327	12 595
净利润	183	222	261	290	304	390	43	433	479
归属净利	183	222	261	290	304	390	43	433	479
总资产	2129	2560	3669	3980	4237	4744	4732	4464	10 379
净资产	1158	1359	1837	2005	2181	2422	2215	2028	2357
销售管理费用率	17.2%	16.8%	16.9%	16.7%	16.6%	17.0%	18.7%	18.9%	21.9%
折旧摊销费	1.2%	1.2%	1.8%	1.9%	2.0%	2.1%	2.4%	2.5%	2.5%
财务费用率	0.6%	0.6%	1.0%	1.1%	1.1%	1.0%	1.2%	1.2%	3.6%
所得税率	48.8%	48.6%	48.2%	48.8%	48.7%	48.2%	47.1%	47.8%	37.5%
现金占比	8.4%	7.3%	4.5%	5.3%	9.9%	4.7%	5.6%	3.0%	3.4%
长期投资占比	2.2%	2.0%	2.7%	1.3%	1.3%	1.1%	1.0%	1.7%	2.4%
存货占比	28.0%	28.5%	25.1%	25.5%	22.9%	20.3%	18.6%	18.3%	13.7%
应收款占比	23.1%	24.4%	20.7%	20.7%	19.7%	18.4%	18.9%	20.3%	11.6%
应付款占比	23.5%	25.1%	18.8%	20.0%	18.8%	18.9%	12.3%	13.1%	9.8%
经营占款/总资产	0.4%	0.7%	-1.9%	-0.7%	-0.9%	0.5%	-6.5%	-7.2%	-1.7%
重资产占比	35.1%	34.5%	44.2%	43.8%	42.0%	50.4%	50.5%	51.5%	46.3%
负债率	45.6%	46.9%	49.9%	49.6%	48.5%	48.9%	53.2%	54.6%	77.3%
有息负债率	12.6%	12.4%	23.5%	21.3%	20.3%	20.0%	22.1%	22.2%	45.2%
存货周转天数	55	56	61	60	55	53	49	45	59
应收账款周转天数	34	36	37	36	35	35	35	35	35
应付账款周转天数	46	50	46	47	45	49	32	32	42
固定资产周转率	8.31	8.37	6.46	6.53	6.68	5.91	5.52	5.98	5.73
总资产周转率	2.48	2.47	2.04	2.08	2.07	1.90	1.94	2.09	1.21
员工人数	74 000	84 000	88 000	84 000	80 000	80 000	78 000	72 000	
人均收入（万美元）	7.1	7.5	8.5	9.9	11	11.3	11.8	13.0	
人均利润（万美元）	0.2	0.3	0.3	0.3	0.4	0.5	0.1	0.6	
股本数（百万股）	85.10	91.00	96.00	96.90	97.80	98.40	99.10	91.40	91.70
每股净资产	13.61	14.94	19.13	20.68	22.31	24.60	22.35	22.18	25.72
每股净利润	2.14	2.43	2.72	2.99	3.11	3.96	0.44	4.74	5.23
现金红利	68	85	103	116	126	137	150	159	155
回购	—	—	—	—	—	—	54	403	46

图 10 碧翠丝卡片　数据来源：公司年报

公司实现了连续 120 个季度的利润同比正增长。从财务数据也可以看到，在他 1982 年卸任之前，公司 ROE 保持在 14% 左右，净利润连续增长的同时，债务结构保持稳定，股息连年上涨。

问题在卡恩斯卸任后集中暴露。接替他的两任 CEO，华莱士·拉斯穆森（Wallace Rasmussen）和詹姆斯·达特（James Dutt）很快发现管理一家业务如此庞大而分散的企业是何其困难：前者选择精简中层管理机构，高层对业务直接掌控。后者选择扩充高层数量，让 430 家工厂直接向 28 个业务部门的高层汇报。但是他们的改革都失败了。1982 年至 1985 年间，原 58 名高管中有 39 人退休、辞职或被解雇，全公司有 800 多人提前退休，士气大跌。内部动荡导致碧翠丝在 1982 年报告了历史上最差的业绩。而 CEO 达特在内部变革失败的情况下，转向更加激进的外部并购，在 1984 年以 27 亿美元的价格杠杆收购了另外一家业务更加多元的企业埃斯马克（Esmark）。这笔交易导致碧翠丝背负了 45 亿美元、利率 12—14% 的债务。

偿债压力迫使公司董事会寻求 KKR 的帮助。1986 年，董事会和 KKR 达成了协议，KKR 以 87 亿美元的对价（20×PE，2×PB）收购碧翠丝，并为其偿还债务。KKR 在收购达成后，为了快速还清高额债务，将公司分拆变卖，并获得了 52.5% 的投资回报率（Return on Investment，ROI）：

· 1987 年：BCI 控股公司分拆碧翠丝消费品公司，成立"E-II 控股公司"。

· 1987 年：BCI 控股公司将原公司业务碧翠丝乳制品公司（Beatrice Dairy Products）出售给博登。

- 1987 年：将碧翠丝国际食品公司（Beatrice International Foods）出售给公司律师雷金纳德·刘易斯（Reginald Lewis），并更名为 TLC 碧翠丝国际公司（TLC Beatrice International）。
- 1987 年：KKR 成立了名为"碧翠丝公司"的新公司，并将包括碧翠丝奶酪（Beatrice Cheese）、碧翠丝 – 亨特（Beatrice-Hunt）、威臣（Wesson）和斯威夫特 – 埃克里奇（Swift-Eckrich）等业务资产置入新公司。
- 1990 年：KKR 将碧翠丝公司出售给康尼格拉（ConAgra）。

2. 西夫韦(Safeway，1986)

西夫韦是 20 世纪 50 年代美国最大的连锁超市。

经历了 20 世纪初期美国零售业急剧扩张阶段后，50 年代以来，西夫韦在本土的门店数增长到 2000 家左右。为了维持增长，公司将业务触角伸向海外。通过开新店和收购老店的方式，积极向加拿大、英国、澳大利亚等国扩展，到 80 年代海外门店达到约 500 家。西夫韦的全球扩张不仅建立在租赁的基础上，他们还购买了许多不动产。在经营品类方面，除了原本的食品和杂货，还引入了家居、化妆品、药品等非食品类产品，并开始打造自有品牌，自己做生产和供应链。

跨国扩张带来的经营困难、重资产运营，和杠杆扩张导致经营效率持续下滑，ROE 从 70 年代 18% 的高点下滑至被收购前 10% 的水平。

换句话说，西夫韦财务指标变差是因为：第一，债务还本付息压力；第二，海外门店的低效运营。也就是说，剥离这些影响，西夫韦在

收购年份	被收购公司	所收购商店数	地点
1929		9	Canada
1935	Piggly Wiggly	179	Canada
1962	John Gardner	11	United Kingdom
1963	Pratt	3	Australia
1963	Mutual Stores		Australia
1964	Big Bär Basar	2	West Germany
1980	Jack the Slasher	31	Australia
1981	49% of Casa Ley		Mexico

表 3 西夫韦所收购的海外门店　　数据来源：维基

图 11 1926—1984 年西夫韦门店数量　　数据来源：公司年报

美国本土的生意还是非常优质的资产。

这一点也被当时的资本发现。达特集团（Dart Group Corporation）在公开市场买入了西夫韦约 5.9% 的股票，并进一步发起了恶意收购要约。西夫韦的董事会将会在达特的收购成功后失去对公司的控制权，所以董事会展开了反并购，寻求 KKR 充当"白马骑士"。1986 年，西夫韦宣布

Safeway																
百万美元	1975年	1976年	1977年	1978年	1979年	1980年	1981年	1982年	1983年	1984年	1985年	1986年	1987年	1988年	1989年
ROE	18.7%	12.4%	12.1%	15.6%	14.2%	11.2%	10.3%	14.0%	13.2%	12.6%	14.3%	11.9%	13.9%	14.7%	15.0%
ROA	9.4%	6.2%	4.0%	5.2%	4.6%	3.6%	3.1%	4.1%	4.4%	4.1%	4.8%	6.9%	7.9%	8.3%	8.0%
毛利率	20.1%	19.8%	20.7%	21.7%	21.3%	21.8%	21.9%	22.7%	23.3%	23.6%	24.3%	20.7%	20.5%	20.3%	20.0%
营业利润率(EBIT)	3.0%	1.9%	2.2%	2.8%	2.2%	1.9%	1.6%	2.0%	2.2%	2.2%	2.2%	2.8%	3.0%	3.0%	2.9%
净利率	1.5%	1.0%	0.9%	1.2%	1.0%	0.8%	0.7%	0.9%	1.0%	0.9%	1.2%	1.3%	1.1%	1.5%	1.5%
收入	9717	10443	11249	12551	13718	15103	16580	17633	18585	19642	19651	4100	4860	5359	6058
净利润	149	106	102	146	143	119	115	160	182	185	231	55	69	80	91
归属净利	149	106	102	146	143	119	115	160	182	185	231	55	69	80	91
总资产	1575	1709	2562	2836	3101	3339	3690	3891	4174	4537	4841	789	876	964	1137
净资产	795	849	849	936	1013	1064	1111	1137	1390	1469	1623	457	497	546	606
所得税率	46.0%	44.8%	44.5%	47.2%	36.2%	38.4%	33.6%	35.7%	39.1%	38.1%	35.5%	52.8%	51.0%	48.3%	45.9%
销售管理费用率	17.2%	17.9%	18.5%	18.9%	19.1%	19.9%	20.3%	20.7%	21.1%	21.5%	22.1%	18.0%	17.5%	17.3%	17.1%
折旧摊销费	0.9%	0.9%	1.3%	1.3%	1.3%	1.4%	1.4%	1.4%	1.1%	1.5%	1.7%	1.1%	1.0%	1.0%	1.0%
财务费用率	0.2%	0.1%	0.6%	0.6%	0.7%	0.7%	0.7%	0.7%	0.7%	0.8%	0.9%	0.0%	0.1%	0.1%	0.2%
现金占比	7.6%	4.8%	4.6%	4.8%	3.2%	3.5%	1.2%	1.6%	1.8%	1.6%	0.0%	0.0%	0.0%	0.0%	0.0%
长期投资占比	0.9%	0.9%	1.0%	0.9%	0.9%	1.0%	1.1%	1.3%	0.0%	0.0%	2.5%	1.1%	1.1%	1.1%	1.0%
存货占比	41.4%	44.2%	31.6%	32.6%	31.6%	30.3%	33.0%	34.4%	34.3%	34.5%	32.3%	42.7%	40.0%	41.9%	41.6%
应收款占比	2.1%	2.3%	1.7%	1.8%	1.9%	1.7%	2.0%	1.9%	2.2%	2.3%	2.3%	3.0%	1.9%	2.0%	1.7%
应付款占比	33.3%	37.2%	28.7%	28.5%	28.2%	28.7%	23.5%	24.4%	24.4%	22.9%	23.8%	31.2%	30.4%	31.3%	29.6%
经营占款/总资产	31.2%	34.9%	27.1%	26.7%	26.2%	27.0%	21.6%	22.5%	22.2%	20.6%	21.5%	28.3%	28.5%	29.4%	28.0%
固定资产占比	43.2%	43.0%	58.8%	57.3%	60.1%	61.0%	59.2%	57.0%	57.0%	57.7%	54.5%	45.8%	45.9%	45.4%	45.6%
负债率	49.5%	50.3%	66.9%	67.0%	67.3%	68.1%	69.9%	70.8%	66.7%	67.6%	66.5%	42.0%	43.2%	43.4%	46.7%
有息负债率	9.0%	8.4%	36.4%	34.8%	36.9%	36.5%	36.2%	36.1%	31.3%	33.8%					
存货周转天数	31	33	34	35	34	32	35	36	37	39	39	38	34	35	36
应收账款周转天数	1	1	1	2	2	2	2	2	2	2	2	2	1	1	1
应付账款周转天数	25	28	31	31	30	30	25	26	27	26	29	28	25	26	26
固定资产周转率	14.37	14.26	7.49	7.73	7.37	7.43	7.64	8.01	7.87	7.56	7.45	11.48	12.21	12.34	11.76
总资产周转率	6.17	6.11	4.39	4.43	4.42	4.52	4.49	4.53	4.45	4.33	4.06	5.2	5.55	5.56	5.33
员工人数	126964	133035	139865	144243	148876	150012	157411	156478	162088		164384				
人均收入(万美元)	7.7	7.8	8	8.7	9.2	10.1	10.5	11.3	11.5		12				
人均利润(万美元)	0.1	0.1	0.1	0.1	0.1	0.1	0.1	0.1	0.1		0.1				
股本数(百万股)	25.9	26	26	26.1	26.1	26.1	26.1	52.3	58.8	59.9	60.8	203.9	204	204.5	205.8
每股净资产	30.64	32.67	32.58	35.88	38.77	40.74	42.53	21.74	23.66	24.54	26.67	2.24	2.44	2.67	2.95
每股净利润	5.73	4.06	3.93	5.6	5.49	4.57	4.39	3.05	3.12	3.09	3.8	0.27	0.34	0.39	0.44
现金红利	49	53	57	60	68	68	68	69	81	90	98	28	29	33	35
回购	—	—	—	—	—	—	—	—	—	—	—	—	—	—	—

图12 西夫韦卡片　数据来源：公司年报

和 KKR 达成了价值 42.5 亿美元（20×PE，2.6×PB）的并购协议，KKR 将保留西夫韦的管理层，同时 KKR 还授予了管理层 10% 的购股权。

KKR 在接管公司后开始变卖低效的门店。到 90 年代，西夫韦的全国业务范围已缩小到西部几个州和北加州，以及华盛顿特区，2200 家连锁门店中近一半被出售。到 1990 年，轻装上阵的西夫韦净利率从 0.9% 修复到了 1.5%，KKR 将这家重组后轻盈高效的公司重新上市，套现离手，最终实现 43% 的 ROI。

出售年份	地点	出售商店数	买家
1987	Dallas	141	Unable to sell whole division
1987	Salt Lake City	60	Farmer Jack
1987	El Paso	59	Furr's Supermarkets (see Roy Furr)
1987	Oklahoma	106	MBO by management and Clayton, Dubilier & Rice forming Homeland
1987	Safeway UK	121	Argyll Foods
1987	Richmond	62	various buyers
1988	Kansas City	66	Morgan Lewis Githens & Ahn/W S Acquisition Corp.
1988	Little Rock	51	Acadia Partners

表 4 被收购后西夫韦出售的商店　数据来源：维基

3. 欧文斯 – 伊利诺伊（Owens-Illinois，1987）

欧文斯和伊利诺伊都是美国 20 世纪初成立的玻璃瓶工厂，1929 年合并为欧文斯 – 伊利诺伊，成为当时世界上最大的玻璃生产工厂，当时的主要产品是牛奶瓶、啤酒瓶等。

稳居世界第一大玻璃瓶工厂长达 10 年后，欧文斯 - 伊利诺伊开始寻求在非玻璃行业的扩张。1938 年公司开始生产玻璃纤维，40 年代开始生产石棉，50 年代因为传统的玻璃瓶业务受到塑料制品的冲击，开始进入塑料瓶和铝罐业务。1956 年公司收购了国家集装箱公司（National Container Corporation），进入纸板箱、包装纸等林业业务；70 年代，公司和日本电气（NEG）合作，在俄亥俄州和宾夕法尼亚州的工厂生产玻璃电视屏幕；80 年代，收购了两家连锁养老院公司和一家抵押贷款银行联盟抵押公司（Alliance Mortgage Company）。经营太多毫不相关业务的后果可想而知。公司 ROE 从 15% 左右一路下滑到 1983 年的 5%，利润增长停滞不前，管理费用攀升。公司也开展自救：关闭了一些经营不善的工厂并裁员，员工数从高峰的近 7 万人下降到 1985 年不到 4.5 万人。

1987 年，欧文斯 - 伊利诺伊被 KKR 以 44 亿美元（$30 \times PE$，$3 \times PB$）收购。收购完成后，KKR 快速处置了公司的不良资产，总计关闭 48 家工厂，裁员 17000 人。同时剥离了公司的纸板箱业务、塑料瓶业务、抵押贷款银行业务、养老院业务（后成为全美最大的养老院运营商马诺护理公司 Manor Care）和玻璃餐具业务（Libbey），这部分分拆变卖的资产为 KKR 回笼了近 24 亿美元的资金。在将公司清洗干净后，KKR 在 1991 年将欧文斯 - 伊利诺伊再次上市，通过 IPO 筹集了约 13 亿美元，用于偿还收购时的高额债务。上市后的 10 年间，KKR 逐步清仓了自己的股票，并在 2005 年完全退出，将公司还给了原来的管理层。

值得注意的是，这笔 LBO 并没有得到公司内部人的支持。欧文

Owens-Illinois

百万美元	1976年	1977年	1978年	1979年	1980年	1981年	1982年	1983年	1984年	1985年
ROE	17.8%	8.5%	7.6%	11.0%	11.4%	10.9%	6.6%	5.2%	9.5%	10.0%
ROA	8.1%	4.0%	3.3%	4.6%	4.9%	5.0%	3.0%	2.4%	4.3%	4.7%
毛利率	15.2%	12.8%	13.9%	13.6%	14.8%	14.5%	12.1%	13.1%	14.0%	15.1%
营业利润率(EBIT)	6.8%	5.1%	6.0%	5.8%	6.9%	6.0%	2.9%	3.7%	5.2%	7.1%
净利率	6.9%	3.3%	2.7%	3.8%	3.8%	3.9%	2.6%	2.0%	3.9%	4.2%
收入	2575	2767	3112	3504	3906	3943	3553	3422	3510	3674
净利润	178	91	85	133	149	154	91	69	136	156
归属净利	178	91	85	133	149	154	91	69	136	156
总资产	2195	2307	2600	2910	3066	3072	2996	2936	3183	3306
净资产	1008	1068	1118	1213	1316	1415	1382	1322	1427	1560
销售管理费用率	8.3%	7.7%	7.8%	7.8%	7.9%	8.5%	9.2%	9.4%	8.7%	8.0%
折旧摊销费	3.5%	3.7%	3.7%	3.5%	3.5%	3.7%	4.8%	4.7%	4.8%	4.9%
财务费用率	1.7%	1.5%	1.6%	2.0%	2.1%	2.0%	1.9%	1.6%	1.5%	2.2%
所得税率	36.3%	29.9%	30.8%	32.9%	39.7%	41.9%	-15.0%	27.2%	34.1%	40.0%
现金占比	6.6%	2.3%	4.1%	3.1%	5.3%	10.3%	6.0%	7.4%	5.9%	0.0%
长期投资占比	7.4%	7.3%	6.5%	7.4%	7.7%	7.3%	8.2%	6.3%	6.5%	11.3%
存货占比	17.2%	17.2%	17.2%	16.4%	15.6%	13.3%	13.1%	12.0%	12.4%	10.2%
应收款占比	12.1%	13.7%	13.6%	15.3%	14.3%	13.7%	13.4%	16.7%	13.0%	13.3%
应付款占比	6.4%	6.6%	7.2%	8.2%	7.2%	7.2%	6.6%	7.4%	7.3%	6.5%
经营占款/总资产	-5.7%	-7.1%	-6.4%	-7.2%	-7.1%	-6.5%	-6.8%	-9.3%	-5.7%	-6.8%
重资产占比	52.2%	54.5%	51.9%	50.8%	49.8%	48.5%	51.5%	50.5%	51.7%	52.5%
负债率	54.1%	53.7%	57.0%	58.3%	57.1%	53.9%	53.9%	55.0%	55.2%	52.8%
有息负债率	27.4%	27.1%	28.0%	28.9%	26.4%	22.0%	22.2%	20.5%	22.1%	0.0%
存货周转天数	66	63	64	60	55	46	48	46	50	42
应收账款周转天数	38	42	42	47	41	39	41	52	43	44
应付账款周转天数	25	24	27	30	25	25	24	28	30	27
固定资产周转率	2.24	2.20	2.31	2.37	2.56	2.65	2.30	2.31	2.13	2.12
总资产周转率	1.17	1.20	1.20	1.20	1.27	1.28	1.19	1.17	1.10	1.11
员工人数	67 056	67 798	64 588	68 831	58 891	50 954	46 684	43 854		44 048
人均收入(万美元)	3.8	4.1	4.8	5.1	6.6	7.7	7.6	7.8		8.3
人均利润(万美元)	0.3	0.1	0.1	0.2	0.3	0.3	0.2	0.2		0.4
股本数(百万股)	56.60	56.90	56.90	56.90	57.90	58.60	53.90	55.50	59.10	60.20
每股净资产	17.81	18.79	19.65	21.32	22.73	24.16	25.65	23.82	24.12	25.93
每股净利润	3.15	1.61	1.50	2.35	2.58	2.63	1.68	1.25	2.30	2.59
现金红利	28	30	32	36	40	46	47	46	48	52
回购	—	—	—	—	—	—	36	76	—	—

图13 欧文斯-伊利诺伊卡片　数据来源：公司年报

斯-伊利诺伊的投资者关系总监约翰·霍夫（John Hoff）在媒体采访中表示：KKR的收购要约并非董事会要求的。当时的董事会付诸反收购手段，但没有获得成功。2005年，在KKR完全退出后，欧文斯-伊利诺伊已经退休的前任副总裁杰克·帕克特（Jack Paquette）在采访时表示,KKR 的遗产"毫无价值"。并总结道:"他们接管了一家规模庞大、业务多元化的公司,并将其缩减到 50 多年前我刚加入公司时的水平。他们摧毁了公司的长期生存能力。"

RJR 纳贝斯克(1989):变身"野蛮人",进入后 LBO 时代

无法否认,RJR 这笔空前的大交易是 KKR 的高光时刻,但也是其由盛转衰的转折点。交易的细节已经被大多人熟知,这里只提炼几点。

- **RJR 的并购已经从之前和内部人合作,变成和内部人争夺控制权的恶意收购**。并购起初由 RJR 的管理层提出,是交易价格为 176 亿美元的管理层收购。KKR 听到消息后加入争夺。随后管理层展开反收购,并引入摩根士丹利、高盛、所罗门兄弟、第一波士顿等一系列买家展开竞价。KKR 在成功入主后替换了公司的管理层。
- **高价买入了经营不稳定且无法分拆的资产**。KKR 当时为了赢得并购,附加的条件是在 5 年内不出售食品业务,"购买—分拆—变卖"的逻辑第一次被打破,而食品业务在收购后表现欠佳;摇钱树烟草业务展开了价格战。管理层一开始的报价对应 $17 \times PE$ 和 $3 \times PB$;而 KKR 最终成交于 $25 \times PE$ 和 $4 \times PB$。
- **高杠杆**。总对价 249 亿美元,其中现金支付 189 亿,其余用合并后的公司股权支付。而 189 亿的现金部分中,124 亿来自银行贷款,50 亿来自垃圾债,KKR 的自有资金仅为 15 亿,杠杆 15 倍。

附录：1976—1997年KKR 10亿美元以上的交易一览

投资标的	投资时间	收购前状态	交易金额（百万美元）	持有期	ROI	交易金额所对应估值	是否和内部人合谋	是否多元化经营	所属行业	是否困境
Wometco Companies	1984	NYSE	1075	3.83	37%	40×PE	Y	Y	传媒	N
Pace Industries	1984	Division	1620	11.18	31%			Y	工业制造	Y
Union Texas Petroleum	1985	Division	1760	12.51	14%	15×PE	Y	Y	能源	Y
Storer Communications	1985	NYSE	2430	2.91	60%	8×PB	Y	Y	传媒	Y
Beatrice	1986	NYSE	8730	6.16	53%	20×PE	Y	Y	消费品	Y
Safeway	1986	NYSE	4250	11.35	43%	20×PE	Y	Y	零售	Y
Owens-Illinois	1987	NYSE	4680	10.8	21%	30×PE	N	Y	材料、化工	Y
Walter Industries	1987	NYSE	3260	10.29	-1%	25×PE	Y	Y	材料、化工	Y
Stop & Shop	1988	NYSE	1530	8.33	32%	30×PE	Y	N	零售	N
Duracell/Gillette	1988	Division	2060	9.53	39%	40×PE	Y	N	消费品	N
RJR Nabisco/Borden	1989	NYSE	24600	8.9	3%	25×PE	N	Y	消费品	N
American Re Corp	1992	Division	1500	4.18	57%		Y	N	保险	Y
Flagstar Companies, Inc.	1992	NASDAQ	1900	5.12					餐饮	
Bruno's	1995	OTC	1220	2.37		30×PE	N	N	零售	Y
Evenflo & Spalding	1996	Private	1000	1.26	3%			Y	消费品	
Amphenol	1997	NYSE	1500	0.63		20×PE	N	N	电子	Y

数据来源：维基、KKR。"Y表示是"，"N表示否"

这笔交易所显示出来的特点,已经和科尔伯格在创业之初设定的三条准则完全相违背。而事实上,KKR 在 80 年代中后期的交易,如欧文斯-伊利诺伊等,已经逐渐从公司内部人的合谋者,变成了反对者。1987 年,科尔伯格因不赞成大规模收购或敌意收购(如对 RJR 的收购)而辞去职务。他选择回归本源,继续收购规模较小、中型市场的公司,于 1987 年成立了新的私募股权公司科尔伯格公司(Kohlberg & Company)。

同时,1989 年,美国垃圾债市场崩盘,KKR 最信赖的负债端——米尔肯被判处 10 年监禁。而 KKR 在 RJR 交易中发行的 50 亿美元垃圾债在 1991 年被触发"重置"(reset)条款,导致 KKR 需要发行新的债券以替换被重置的债券。但是彼时的垃圾债市场早已不复当时的辉煌。最后 KKR 不得不投入 17 亿美元自有资金以满足这些债券的"重置"需求。

RJR 的失败宣告 LBO 时代的结束。但是结合我们对历史背景的交代来看,这似乎是一个必然——以 LBO 的方式出清庞大的企业,是 20 世纪 80 年代独特的时代遗产。一是庞大臃肿的企业只有这一批,拆过一次后就没有了;二是 90 年代后,金融自由化,以养老金和公募基金为主的机构投资者主导了市场。过往禁止金融控股实体经济的限制被取消,股东从"被动投资者"的角色渐渐成为"主动管理人",现代美股的委托代理关系形成,而 KKR 作为"机构投资者委员会"的时代角色结束。

1989 年之后,KKR 新发产品的 IRR 不复往日荣光。公司也开始主动寻求变革,先后进入了咨询服务、债权投资、房地产投资和成长股投资。目前,KKR 的资产配置中占比最大的其实是债权,也是增长最快的业务;股权投资占比 1/5。

女儿的小狗存钱罐

马瑞
_RMA Capital 投资经理 | 2022 芒格书院价值投资征文大赛三等奖作者

新的教育计划

与孩子一起成长是一件很有意思的事,通过各种方法的不断尝试,观察他们身上的反馈,能让我们反思一些之前根深蒂固认为是"正确的教育方法"的问题,帮助我们自身再次学习成长。

我的目标,是从小给女儿一些财商教育,希望她尽早做一个自立的人。

一开始,我用的方法是:利用生活中的闲聊,解释一些资本世界运作的基本原理。例如给女儿解释钱是怎么来的,和女儿聊央行与美债、预算与储蓄,以及资产、降息与量化宽松等等。

虽然我只在她有兴趣的时候开启这样的聊天,多用提问的方式启发思维,并尽量用10岁小孩可以听懂的话来直白解释。但过了一段时间,我还是发现效果并不好。虽然女儿可以复述出当时的问题与答案,但我明显感觉出她没有真的"开窍"或"明白"自己在说什么,毕竟"钱是央行发行的超短期债券"这样的知识离她的生活太远,也毫无实际用处。

我们成年人总认为从道理上明白才是真的明白,但这样做很容易过于说教。原理和道理是抽象、理性、高度概括的思维，而人类，尤其是孩子的学习，是直观和直觉的。碰到未知的事物，会用眼睛看，耳朵听，会摸一摸，甚至尝一尝。比如认识电池是什么，他们会理解为插在玩具上让玩具动起来、发光的东西。哪个小孩会关心这是电子定向移动呢？人类文明也是发展了上万年，直到近几百年才搞明白苹果为什么从树上掉下来的道理。

意识到这一点后，我决定用更直观、更能和她生活建立联系的方式继续进行我的教育实验。首先是每月给她 30 美元零用钱，随便她怎么花，但是要记账。

我还买了大富翁强手棋的桌面游戏，和她一起玩。强手棋的设计非常好，几乎完美模拟了资本主义这个系统。有主动收入、被动收入的概念，也有资产、消费、银行、抵押、利息等概念。系统具有随机性，过度扩张还会导致流动性危机。美中不足的是没有通胀和经济周期这样的概念。总的来说这个游戏已经非常完美，最大的意义在于说明了资本主义是一个不稳定系统，最终总有人胜出。

不过，小孩无法体会这个游戏的精妙之处，尤其是它的节奏很慢。玩了两三个小时后，我们大人兴致勃勃，正要一决胜负，小孩们则已经哈欠连连，把纸币往桌上一丢，来一句"I don't really care"（我不是很关心）就睡觉去了。

零花钱计划的进展相对好些。女儿每月到发"工资"的时候，都会准时提醒我。零花钱带给她最大的快乐大概是可以请好朋友去街角奶茶铺一起喝奶茶。不过在此之上，效用就有限了。虽然我曾几次试着引导她把几个月的零用钱存起来,这样可以一次买一个更大、更想要的东西。她似乎并不为所动,说:"爸爸,我的生活中并不需要钱。真想要什么,你们会买给我的。"

这句话对我启发很大。强手棋也好,零花钱也好,我在强迫她体验一些她生命这个阶段根本不在乎的东西。钱,对成年人世界无比重要,但对小孩来说,其本身毫无意义。那些鸡娃家长"爆肝"逼着小孩学钢琴、数学、历史、科学等等,也是同样道理。小孩子追求的更多是玩耍、社交带来的感官快乐。反倒是到了我们这个年龄,才可以捧着本《人类简史》或者《费曼物理学讲义》看得津津有味。

我读过一本不错的儿童财商教育书籍,书名叫《小狗钱钱》,一个德国人写的一个小女孩和一条狗的故事,讲的是如何进行理财投资的道理。很讽刺的是,这本书翻译了二十几种语言,包括俄语、韩语、汉语,却唯独没有英语。这是否也反映了一些美国的现状?

虽然我不完全认同书中的投资理论,不过我觉得最值得推荐的地方是它强调要将一个人最渴望的目标和一个人的奋斗建立联系。目标无所谓高不高尚,远不远大,关键在于它是不是自己的热爱(passion)。只要一个人真心地渴望达到一个目标,那么不管他是站着、坐着、躺着,只要有一丝精力时间,他都在琢磨、想办法努力理解和实现他的这个目标。道理放在小孩的学习上也是一样,只有孩子内心中有这种渴望和热爱,才会激起自发的好奇与探索,忍受努力达成目标时的种种不适与痛苦。

说回我的教育实验。最近,女儿对养狗这件事着了迷。我对此一直态度冷淡,而女儿则是一有机会就在我耳边不停念叨,简直要把人逼疯。

我问她现在最大的心愿是什么,她毫不犹豫说要养狗。

既然她对此事如此执着,我何不试试让她为"热爱的目标"奋斗会有什么结果呢?我现在答应她的条件是:养狗可以,但每月养狗的费用必须你负责一半。在美国,养狗比养个人还要麻烦,除了买吃的用的,还要给狗买医疗保险。我查下来,差不多一月要 300 美元。她一听能养,立刻点头答应,虽然听到要承担经济费用也面露难色。一番讨价还价,终于商定她必须要在养之前,存够半年养狗的费用,也就是 900 美元。

只靠零花钱存够是不可能的。所以除了要把每月零花钱存下,她还必须要想办法去赚到这笔钱。看看我这次"开源节流"的教育能否成功。

万事开头难

女儿很快算了笔账:她每个月的零花钱是 30 块,前几个月因为疫情的关系,零用钱没有用出去,现在已经攒了 200 块,还需要想办法再攒 700 块。如果把每月 30 块全部存下来,这需要 23 个月才能存够费用。要再等两年!这显然太长,难以忍受。

过了两天,她自发地做了一个进度表出来,并在上面贴了各种可爱的小狗贴画。每天望着,一边自我幻想养一只狗有多可爱,一边想有什么办法可以快点达到目标。

接下来,她主动跑去和小伙伴在网上聊天,让小伙伴帮她出谋划策。美国中产小孩哪见过这种为钱发愁的刁钻问题,想出的无非是卖饼干或卖柠檬水之类的老套办法,为此还惊动了其他小孩的爸妈,发消息婉转

女儿的养狗计划进度表

Lilian 的英语对话课堂

问我们需不需要什么帮助。

我给她出的主意是，不如去街上弹琴赚钱。她本来觉得信心不足。我告诉她，街头演奏这种形式有可能一小时赚 100 块钱，她便打算豁出去试一把。不过因为疫情，我们可以先等等。同时我又告诉她，多想想自己的相对优势。

又过了几天，她跑来和我说，想出了一个不错的办法：教小孩英语对话。这办法简单易行，我立刻表示，当你有个好想法时，应该说干就干。于是，她画出了一张海报，并请我发在朋友圈。

很快，就有三个小朋友的家长表示愿意试试。我告诉了女儿，她非常兴奋，每周一下多赚 15 元，一个月就是 60 元。多了一点努力，主动收入立刻就增长为被动收入的 2 倍！加上每个月的零花钱，一个月能攒 90 元，现在存够 700 元只要 8 个月了。她又立刻自发去网上查了在线教英语的材料，并拉着我和奶奶分别排练了两遍。

到了周末，女儿为三个小朋友上了第一次课，虽然略显紧张，但是我可以明显地感觉到她的认真与专注，而且这一切的发生，并没有我的刻意逼迫或督促。

也许找到一个自己热爱或痴迷的目标，不管大小，为之探索努力的这种学习方法是行之有效的。

声田是不是好生意

自从女儿每周为三个小朋友上英语课后，对怎么花钱这个问题变得敏感了一些。每个月发"工资"的时候，我会故意到银行 ATM 机去，取好钱把纸币交给她。银行对面有家她之前非常喜欢去的奶茶铺，她拿到钱后又看看奶茶店，犹豫一下，想了想说，算了，还是养狗吧。

还有一次，我惊奇地看到她在电脑前搜索"how to invest as a kid"（小孩如何投资）。我问她搜到什么结果没有。她悻悻地说，网上都是"how to invest for your kids"（家长如何为小孩投资），没文章教小孩如何投资。

我笑笑对她说：小孩投资很简单啊，买你喜欢的公司的股票就可以了。你现在只有一点点钱，只能买小小的一份。将来你有很多钱，就能把公司全买下来，那公司就是你的了。

"那你拿我的压岁钱都买什么了？"她问。我之前和她说过，她的所有压岁钱都由我帮她管着投资，十八岁后给她自己管。这话让我吃了一惊，大人往往低估了小孩的理解力。

"那你觉得什么是好生意呢？"我问她。

"苹果买了吗？"

"买了。"我说。

"谷歌买了吗？"她又问。

"买了。"我回答。

"嗯……"她想了想，问："迪士尼买了吗？"

这是个好问题。我说："你知道吗？迪士尼有 1/3 的收入都是从主题公园门票赚来的。现在疫情，都没人去他们公园了。"

"可是那些人们总会回来的。"她说。

"这是个非常好的论点。我同意。"我接着说:"我没买迪士尼真正的原因是觉得他们创新出了问题。还记得起来迪士尼最近出一部好看的电影是什么时候吗?"

"嗯……"她想了想,也许是同意我的想法,没再多说什么。

过了几天,我在电脑前工作。她问我:"声田(Spotify)是个好生意吗?"被冷不丁这么一问,我也愣了一下。

"我不知道。对大部分生意,我都不知道它们是不是好生意。不过,我们可以一起来看一下。"

我接着说:"对所有在交易所里交易的公司,他们必须要发布自己的财务状况。每年结束,他们会算算今年赚了多少钱,总结一下公司今年有什么大事发生,编成一个报告让所有人看到,这个就叫'年报'。"

说着,我点进声田投资者关系的页面。"看,这里就是声田的年报。让我们来看看 2019 年的。"我一边说一边打开了声田 2019 年报。

"在每份年报里,每个公司都会做一个表格公布今年营业收入有多少,再减去卖出去这些东西的成本,还有付给人员的工资、打广告的钱、租办公室的租金等等,最后剩下的,就是给所有股东的利润。这个表叫利润表(Income Statement)。"

"你看,这里就是声田 2019 年利润表。"我指给她看。"What?!"她像发现了新大陆,叫道:"声田 2019 年只赚了 6764 块钱?"

"看仔细点,这些数字的单位是百万欧元。"我说。

"哦……所以是 6.7 Billion Euro(十亿欧元)。"她说。

"对,2019 年他们的收入是 6.7 Billion。然后呢,他们要付出 5

Billion 的成本，这些可能是给那些艺术家们的版权费。他们还剩下 1.7 Billion。接下来，他们要付给开发人员 615 Million（百万），打广告花了 826 Million，办公室管理花了 354 Million。减掉这些，他们 2019 年亏了 73 Million。"我用手指着，一项一项往下说。

我顿了顿问："没赚一分钱。你觉得这样的生意好不好呢？"

"可是爸爸，你看到它 2019 年、2018 年每年的收入增长了吗？"她横着指着表格问我。

"……"我顿时哑口无言。

再一次，我只能说，大人低估了小孩的理解力。或者也许是小孩像一张白纸，更能问到问题的本质。

声田是不是好公司呢，我也不知道。一方面它已经是人们，尤其是年轻人生活不可或缺的一项服务；另一方面，它版税的高成本，又难以让人对规模效应后的高毛利产生憧憬。要对一个复杂的、混沌的、不断变化的系统做判断，也许这就是投资的乐趣吧。而面对自己的无知，我们能做的，只有不要用权威和成见去搪塞孩子们的问题。

人生第一次买入股票

吃早饭的时候，女儿又和我谈起了声田。"爸爸，我还是觉得你应该买入声田股票。"

"让我来问你个问题。假如邻居家小孩开了个卖柠檬水的生意。每杯 1 块，一个下午她一共卖出去了 7 杯。她的收入是多少？"

"爸爸，没人会在 11 月买柠檬水……"

"我说假如……"

"好吧，一共 7 块。"女儿叹了口气。

"OK。现在，她买柠檬水花了 5 块。她叫自己弟弟帮她卖，发他工资花了 2 块。最后她赚了多少钱？"

"0，她什么也没赚到。"

"好的，现在问题是，你愿意花多少钱买她这个柠檬水生意？"

女儿想了想，问我："那么她们前一天卖出去了几杯？"

"这是一个非常好的问题。假如她们每天都卖出 7 杯。"

"那我不会买她们的生意。"女儿说。

"为什么？"

"因为她们没涨啊！"

"你是说，因为她们的生意没有增长，是吗？"我问。

"是啊，每天都卖 7 杯，每天都不赚钱。我为什么要买这个生意？"女儿回答。

"好，现在假如她们大前天卖了 4 杯，前天卖了 5 杯，昨天卖了 7 杯。现在你愿意花多少钱买？"

女儿陷入了沉思，想了一会和我说："我不知道。我想买，但不知道出多少钱。"

"好吧，把柠檬水生意换成声田，把'杯'换成 Billion。这就是声田的生意。2017 年他们收入 4 Billion 欧元，2018 年 5 Billion，2019 年 7 Billion。你想买这个生意，是吗？"

"是的,我想买。"女儿点了点头。

"好,现在市场上想买的人和想卖的人最后达成一致,他们觉得这个生意值 40 Billion。你还想买吗?"

"可是,"女儿有些疑惑,"我没有 40 个 Billion 啊。"

"没关系,他们把这个生意像一个大蛋糕一样切成了一份一份。一份叫一股(1 share)。你可以买一小份。"

"现在声田一股多少钱?"女儿问。

"一股大概 250 块左右。"我说。

"那我大概可以买得起!"女儿高兴地说。

"别急。永远不要看一股多少钱!最关键的是,你是不是要成为这个生意的主人。你不觉得花 40 Billion,买每年卖 7 Billion 的生意太贵了吗?"

"我不知道。"女儿摇了摇头,说:"我只是觉得,有越来越多人会用它。"

"我同意。可是也有苹果音乐、油管音乐、亚马逊音乐啊。人们也许也会去用那些。"

女儿摇了摇头,说:"不会,我周围认识的朋友没有人会用这些的。"

"可是,那些服务更便宜啊……"我还想继续反驳她这个论点。

"爸爸,你知道 BTS 吗?"她打断了我的话,"你知道他们的粉丝团叫什么,有多少吗?"

这一问,倒是把我问愣住了。我打开手机,搜了一下 BTS。这是韩国流行音乐（K-Pop）的一个少年男团，我又看了他们的一支新歌MV，看完感觉自己像一只从几亿年前回来的恐龙。

好吧，我突然觉得我这些看似理性的估值和行业分析与女儿的直觉相比，十分苍白无力。声田有1/4的用户在24岁以下，我根本不了解这个群体的需求。

40 Billion很贵吗，我也不知道。至少这是这一刻市场上买卖方认可的公允价格。但对她个人来说，在未来漫长一生"净买入"的财富积累中，现在买贵50%又算什么呢？等待是最昂贵的成本。

我顿了顿说："最后一个问题，你现在所有知道的生意中，比如苹果、迪士尼、声田，你最想做哪个生意的主人？"

她想了一下，说："声田。"

我说："好，我忘了告诉你，你的压岁钱里还有5000块现金，把它们都换成声田的股票好吗？"

"啊……"她大概没想到一个早餐的闲聊，这么快就要付诸行动。我拿出手机，打开交易软件，指给她看，"这里填入股票代码，这里选中买，看，它现在一股的价格是250块。5000除以250是多少？"

"呃……20。"

"对，所以填入买20股。然后提交。恭喜你！你现在是声田的主人了！"我笑着对她说。

连载待续

回望百年芒格

1924 年

1月1日，查尔斯·托马斯·芒格出生于内布拉斯加州的奥马哈市。

奥马哈是芒格的出生地，成家后的他一直定居在加利福尼亚州的帕萨迪纳市。明尼苏达州的星岛则是芒格精神上的故乡。自他的祖辈起，芒格大家族会在每年夏天来到星岛上齐聚，共享家庭时光。

童年

小时候的芒格有些阅读障碍，妈妈图蒂就担负起了教他读字母的重任。解决了读音的问题后，芒格开始进入邓迪小学接受教育，并开始了他持续一生的阅读之旅。

在小学老师的回忆里，芒格自那时起就开始通过读各种书（尤其是传记）来增长自己各方面的知识。这种习惯与家庭氛围分不开——他们一家都热爱阅读，父母总会把书作为圣诞礼物送给芒格和他的两个妹妹，而孩子们总会在圣诞夜就把书看完了。

> 我都记不得第一次读到本·富兰克林的故事的时候是几岁，不过还记得七八岁的时候就躺在床上看托马斯·杰斐逊的书。我们全

父亲阿尔弗雷德·芒格抱着婴儿查理　　　　　　芒格童年照

家都热爱读书,并从中学习到纪律、知识和自律精神。

少年

十几岁时,芒格就通过工作赚取零用钱,体会经济独立的价值。他曾在巴菲特家的杂货店打工。在巴菲特的祖父恩尼斯特的安排下,他每天要连续工作12个小时,以换取2美元的报酬,此外还要自带2分钱用于支付自己的社会保险金。

巴菲特的家庭小店提供了理想的从商入门教育。在那里你必须长时间无差错地干活,迫使包括我以及沃伦在内的年轻人去寻找更轻松的职业，一旦发现行业中的劣势就雀跃不已。

1941 年

芒格从中央高中毕业，前往密歇根大学就读数学专业。在课上接触了物理学之后，他被爱因斯坦这样的物理学家研究未知事物的方法深深吸引了。

> 只要是有能力学物理的人，都应该学一学，即使将来从事的工作与物理无关。学物理能让我们重新认识世界，物理学的方法要求我们永远追求事物的本质。在现实世界中，学会看透本质，我们能生活得更从容。探究本质并非朝夕之功，必须有板凳要坐十年冷的精神。我喜欢这种精神，这是一种持之以恒、不达目的不罢休的精神。

12月7日，珍珠港事件爆发，美国参与第二次世界大战。

1943 年

年初，芒格被征招入伍，加入了美国陆军空军兵团的一个军官培养计划。以149分的高分通过部队统一分级测试后，他很快由普通士兵提升为少尉，被派往加利福尼亚州帕萨迪纳市的加利福尼亚理工学院进行气象学培训。

> 作为一名在犹他州帐篷里的小兵，在冰天雪地的恶劣环境下，我记得和某人说过，我想要一堆孩子、一幢房子、房子里有很多书，还有足够的财富可以过上自由的生活。

1948 年

退伍之后进入哈佛法学院的芒格顺利毕业,同届学生有 335 人,他是 12 名优秀毕业生之一。与父亲商量后,芒格决定前往加利福尼亚州发展自己的事业。他在赖特 & 加雷特律师事务所(后更名为穆西克、毕勒 & 加雷特律师事务所)工作,与妻子和三个孩子——泰迪、莫莉和温蒂——住在帕萨迪纳市的一幢房子里。

青年芒格

1954 年

与第一任妻子感情破裂后不久，大儿子泰迪又确诊了白血病。在当时，血液病没有治愈的可能。芒格肩负起沉重的治疗费用，却只能看着自己的儿子躺在病床上慢慢死去。每次他走进病房抱泰迪一会后，都会再跑到外面，沿着街道边走边哭。第二年，泰迪去世了。对于失去孩子的痛苦，芒格只能交给漫长的时间来抚平些许，并且尽量用理性来应对，继续接下来的人生。

你永远都不应该在面对一些难以置信的悲剧时，因为自己失去信念而让一个悲剧演变成两个甚至三个悲剧。

1956 年

1月，芒格与第二任妻子南希·芒格结婚了。他们之前各自有两个孩子，在这段美满的婚姻里，他们又一起拥有了三个儿子和一个女儿。

芒格的副手阿尔·马歇尔曾描述芒格在家里的状态：他坐在一张大椅子里，一个孩子爬在他的肩膀上，另一个在拉他的手臂，还有一个在大声尖叫。场面一片混乱，不过他并没有把他们都赶出去或是教训他们，因为他们根本就不对他构成干扰。

我很高兴有那么多孩子。我不想自吹自擂地说他们都是超级巨星，不过我和他们在一起很开心。

1959 年

芒格回到奥马哈处理父亲去世后留下的房产，经人介绍认识了当时

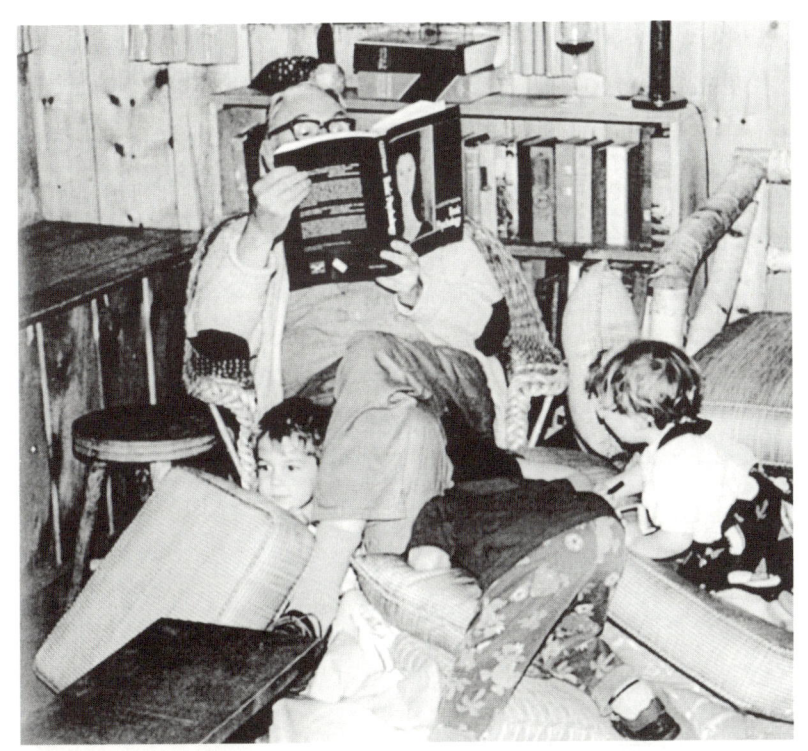

芒格和他的孙子们在一起

29岁的沃伦·巴菲特。在晚宴上，他们相谈甚欢，从此成为了投资和人生上的终身伙伴。

以我的背景，怎么可能错过一个宁愿读书、考虑为杂货店开展送货上门服务，可以从任何读过的东西中有所收获的人呢？他甚至可以从他祖父留下的名为《如何运作一家杂货店以及我所了解的钓鱼技巧》这样的手写稿里学到有用的东西。

1961 年

芒格开始与奥蒂斯·布思从事房地产开发和建造,这对身为律师的他而言是全新的行业。他们投入了 10 万美元在加州理工学院对面的街区建了公寓,最后收回了 50 万。之后芒格继续进行开发地产的工作,期间还经历了房地产衰退。最终,他着手的五个项目让他一共获得了 140 万美元的收益。这是芒格挣到的第一个 100 万。

生活并不是一个了不起的故事,可能像老太婆的裹脚布——又

芒格一直都对街头的建筑物极感兴趣

臭又长。我只知道要想赢得第一，就必须占得先机，千万不要原地踏步。有趣的是有些人只是因为自己的爷爷是位律师或法官就急急忙忙地和一群富有经验的人一起去读哈佛法学院，而我却愿意加入许多不同的行当。我总是刚刚涉足某一业务就比其他人干得都要好。这是为什么呢？答案就是通过自学来提高修养，这才是真正行之有效的好主意。

1962 年

在巴菲特的多次建议下，芒格与杰克·惠勒及后来加入的阿尔·马歇尔一起创办了位于太平洋证交所的惠勒和芒格证券公司，开始以专业投资人的身份运作筹集到的资金。这段时间里，芒格与巴菲特、瑞克·格伦保持着密切的交流。

同年，在穆西克、毕勒&加雷特律师事务所工作了13年之后，芒格与罗伊·托尔斯及另外五名律师一起跳出来，成立了芒格-托尔斯-里克肖塞尔律师事务所。他们只招收法律精英，坚持价值主导、诚实经营，并创造了一套民主的薪酬系统。

律所为巴菲特提供投资和收购方面的法律服务，也因此获得了许多高端客户。期间芒格还为洛杉矶地区的贫困及弱势群体提供了大量的法律援助。

1965 年

芒格退出了芒格和托尔斯律师事务所，因为相信自己不再需要依靠律师收入生活了。但他和律所依然保持着紧密的联系，他的名字一直挂在门上。

> 我离开法律界并不意味着我不使用法律武器。不过我有强烈的意愿放弃以律师身份为人服务。我宁愿用自己的钱来做决定，下赌注。我总是认为自己比客户懂得多，那为什么我还要按照他的方式来处理事情呢？所以做出这个决定一方面是因为我的个性强烈，另一方面则是因为渴望获得足以独立的资本。富兰克林能做出这么多贡献是因为他财务自由。

芒格、巴菲特和格伦开始买进蓝筹印花的股票，最终他们获得了这家加州零售优惠券公司的实际控制权。

> 和格伦以及巴菲特一起收购蓝筹印花是一件大事。我一生中的合伙人水平都很高，有些是最顶尖的人才。我从来都不会用任何花言巧语的人，只和有本事的人打交道。即使巴菲特现在如此出名，人们还是低估了他作为合伙人是多么的好。

1966 年

巴菲特、芒格和戈特斯曼成立了一个控股公司，名为多元零售公司，意在争取多样化业务，尤其是在零售业。巴菲特拥有这家公司 80% 的股份，芒格和戈特斯曼各占 10%。随后巴菲特和芒格贷款 600 万美元收购了霍克希尔德 – 科恩百货公司。

意识到自己错估了巴尔的摩零售业的竞争形势之后，巴菲特和芒格迅速采取补救措施，以几乎没有损失的价格卖出了这些连锁商店，并用获得的现金购入了大量的低价证券。

> 几十年来，这次转败为胜的收购战一直让我非常满意。

1968 年

芒格参加了巴菲特在加州的科罗纳多组织的一场会议。巴菲特的朋友们和一批投资者在会上拜会了本杰明·格雷厄姆，并讨论当时衰疲的股市。芒格赞同格雷厄姆最经典的价值投资理论，同时开辟了新的投资方式。

> 格雷厄姆提出了安全边际的原则，这个概念永不过时。格雷厄姆告诉我们，市场是我们的仆人，不是我们的老师，这个概念永不过时。格雷厄姆提出的这两个概念是投资的根基，在他的宝贵思想中，我们还可以学到要保持冷静客观，不受情绪影响，这也是永远不会过时的。我接受了本·格雷厄姆的主要思想，但我选择了更适合自己性格特点的投资方式，我愿意买质地比较好的生意。

有了芒格当他的心腹好友和顾问，巴菲特开始热衷于以合适的价格购买优质业务。

1969 年

芒格和巴菲特提供资金和法律援助，支持贝洛斯医生向加利福尼亚州高等法院上诉，以寻求堕胎合法化的变革。此前贝洛斯因为介绍病人去堕胎诊所而被判有罪。9月，作为罗和韦德案的先声，贝洛斯案获得了胜利，它是美国历史上第一次有一家主要法庭判决反堕胎法违反了宪法精神。在法庭以外，芒格持续关心堕胎和人口问题，并加入了洛杉矶计划生育组织的董事局。

1972 年

芒格和格伦获得了存信基金的控制权，将其改造为新美国基金，并重组董事会，改投资风格为价值取向，取得了相当出色的成绩。同年，芒格和巴菲特通过蓝筹印花公司以 2500 万美元（账面价值的 3 倍）收购了喜诗糖果，开创了好生意的新时代。

> 收购喜诗的时候高出账面价值很多，不过还是有回报的。我们收购连锁百货店霍克希尔德 - 科恩的时候低于账面和清算价值，却完全没有效果。这两件事加起来帮助我们转变了投资思路，开始接受为优质资产付出更高价格的观念。

1974 年

芒格和巴菲特通过蓝筹印花公司收购了西科金融公司。最初他们只买入了 8% 的股份，但西科金融的管理层计划与圣巴巴拉财务集团合并，他们认为这相当于将西科清仓拍卖，完全不利于西科股东们的利益。一边继续购买西科的股票，一边与股东们交流，巴菲特和芒格成功阻止了合并，并在其后以 17 美元一股的相对高价买下了一部分股份。到年中，蓝筹印花已经占有了西科 80% 的股份。

由于圣巴巴拉方面的状告，美国证交所对西科金融的交易存有疑虑，认为"蓝筹印花、伯克希尔、巴菲特，单独或与他人联合……可能直接或间接地参与了某些行动，制定诡计、阴谋、欺诈"，并在之后展开了相应的调查。

1976 年

惠勒和芒格证券公司在前 8 年的表现骄人，到了 1973 年，受挫于表现不佳的市场，公司资产缩水了 31.9%（同期道琼斯工业指数下跌了 13.1%），1974 年则缩水了 31.5%（同期道指跌 23.1%）。于是芒格决定和巴菲特一样，不再以有限责任合伙人的形式为他人管理资产。

在前一年获得了 73.2% 的收益，恢复了元气的情况下，芒格和马歇尔于 1976 年初清算了公司——从 1962 年到 1975 年，公司的年均复合回报率是 19.8%（同期道指的年均复合增长只有 5%）。

证交所对蓝筹印花及西科金融的调查结束。尽管巴菲特提供了详尽的文件，芒格出庭说明作证，但都收效甚微。最终，证交所指控蓝筹印花购买西科金融并不是一项投资，而是为了阻止西科金融与圣巴巴拉财务集团合并，并断言蓝筹印花在合并计划流产后，人为地将西科金融的股价推高了好几个星期。对此，巴菲特和芒格没有宣称无辜，也不承认犯罪，按要求向西科的股东支付了 11.5 万美元，纠纷得以解决。芒格以 5 万年薪在蓝筹印花担任主席。

1978 年

证交所的调查使得巴菲特和芒格意识到他们的财务关系实在复杂

得令人生疑，于是他们着手进行简化重组的工作。蓝筹印花和多元零售都并入伯克希尔，芒格由此得到伯克希尔 2% 的股份，并以 5 万年薪担任董事会副主席。整个过程深刻巩固了巴菲特和芒格的合伙关系，他们不曾签署过任何合同，仅仅凭借信任紧密地合作。

> 从那以后我们有一个最简单的结构。在最高层只有一家大公司——伯克希尔。结构图的下面有点复杂，有些公司是 100% 持股，有些是 80%，有些只是持有一大笔股票而已。管理合并后的企业对我们来说简单很多。简单也让我们更了解自己在做什么，因此有利于实现更佳的表现。

芒格至此已经通过投资创造了大量的财富，而他的视力却因为急性白内障出现了严重的问题。

1980 年

芒格的白内障手术失败，引发了罕见的后遗症，使他丧失了左眼的视力。为了减轻痛苦，他接受了左眼的切除手术，装上了玻璃眼珠。同时右眼视力也在逐渐恶化，为了避免风险，他选择仅仅摘除蒙雾的晶体，佩戴极厚的白内障眼镜继续生活。在应对巨大痛苦的手术时期，芒格甚至开始尝试阅读盲文书。好在最终右眼的情况良好，他的生活重新恢复了正常。

1984 年

芒格成为西科金融公司的董事会主席和总裁，但不领取任何报酬。不同于伯克希尔股东会上的少言，芒格在西科金融的年度股东大会上一

边读书边走路的芒格

个人面对现场的股东侃侃而谈。1997年以前，会议往往选择在帕萨迪纳一家装潢破旧的餐厅里召开。

1986年

芒格和瑞克关闭获得了巨额利润的新美国基金。洛杉矶每日期刊集团（即基金此前收购的《每日期刊》法律报纸）发行股票，成为公开交易的上市公司，芒格担任公司的董事会主席，盖瑞·萨尔兹曼由首席财务官升任总裁。

芒格和巴菲特收购了面临恶意收购的斯科特 & 菲特泽公司——世界图书百科全书公司的母公司。这笔投资让芒格印象深刻，因为他从小就是读《世界百科全书》长大的。

> 它是人类智慧的完美呈现，编出这样一套饱含智慧又容易使用的书籍真是一件非常美妙的事。

1989年

芒格公开致信宣布退出美国储蓄机构协会，以抗议该协会无视行业危机，拒绝合理改革。西科金融及其下属的互助储蓄也在逐步远离传统的储贷业务，芒格和巴菲特决定转而增持房地美的股票。这项投资帮助西科金融免于遭受其后储贷行业崩溃的影响。

> 从储贷业务转型为持有房地美的股票并确定准备长期持有，我们在这件事中的经验说明在生命中的一些时刻，及时合理地行动，做一些简单而符合逻辑的事情常常会戏剧性地改变你的财务状况。

一些像这样显而易见的重大机会，通常会降临在那些不断研究、一直等待的人身上，这些人都很好奇，喜欢分析牵涉其中的多个变量。然后他所需要的就只是愿意全部投入，充分利用以前通过节俭和耐心累积下来的所有找得到的资源。

伯克希尔向吉列、美国航空和冠军国际投入了13亿美元，标志着伯克希尔从此成为了全球金融界的有力竞争者。

伯克希尔从来不是一个封闭式基金。我们从来都喜欢运营公司多过买卖有价证券。伯克希尔持有很多有价证券，同时还有很多大型的公司运作业务。

1991年

所罗门公司的一位债券交易员违规投标国债，导致公司接近破产。1987年起进入董事会的巴菲特和芒格迅速行动起来，连同法律顾问罗纳德·奥尔森和罗伯特·德汉姆挽救局面。巴菲特接管了所罗门，担任首席执行官9个月。

尽管当时芒格已经年近七十，但年龄并没有影响他在这段紧张时期的作为。据卢·辛普森回忆，"查理从洛杉矶搭飞机过来，一下飞机就直接参加所罗门的会议，提出的问题像钉子一样尖锐。所罗门的会议通常都是下午召开，然后在第二天早上开另一个"。

经过他们共同的努力，最终所罗门得到的处理是，仅罚款2.9万美元，且没有任何犯罪起诉。

在所罗门事件中有许多教训可以学习，其中非常重要的一点是：

> 一旦发生了严重的问题,最高层管理人员的反应一定要既迅速又彻底。

1993 年

在互助储蓄放弃自己的储蓄和贷款经营许可证,并清算了大部分资产以后,西科金融成为了一家金融控股公司,大部分资产都投入到了保险业。

美国航空出现严重的问题,芒格和巴菲特临危受命,担任董事。因为疲于应付无止境的法律诉讼和经营难题,两年后两人双双从董事会辞职。他们离开之后,美国航空的情况开始好转,甚至发布了航空历史上最好的一份季报。

> 我们投资全美航空是个错误。眼看着我们的财富蒸发,1.5 亿美元没了,2 亿美元没了,那种感觉很不好受。全美航空这笔投资给我们带来了很多烦恼。航空公司的经营杠杆高,业绩有很大的弹性。航空业进入了景气周期,包括全美航空在内的所有航空公司,业绩都出现了强势反弹。大家也看到了,伯克希尔的这笔投资赚钱了。我们以后可不做这样的投资了。

1995 年

芒格和妻子南希捐赠了 750 万美元为哈佛 – 西湖中学修建的芒格科学中心完工,按计划投入启用。这座先进的大楼包括十二间定做的实验教室、一间会议室以及一个剧院风格的礼堂。芒格参与了建造计划的方方面面,并期望中心为中学的科学课服务 100 年。

> 如果不改善科学设施,那么学校就是在误人子弟。

芒格科学中心

1997 年

出于对开市客及其总裁吉姆·辛尼格的欣赏,芒格一反自己不加入董事会的原则,进入了这家总部位于华盛顿的仓储式商店的董事会。

> 格雷泽的父亲说,要把好东西卖给客户,开市客绝对是这方面的典范。我特别欣赏开市客的价值观。另外,开市客还拥有难以匹敌的竞争力。开市客具有良好的生意模式和强大的公司文化,它的高管几乎全部是从基层干起来的,这家公司不是一般公司能比的。

1998 年

9月，在为收购通用再保险公司而召开的特别大会上，巴菲特用一个硬纸板做成的芒格人像和一段芒格说"我没什么要补充的"的录音出现在主席台上。会上巴菲特大概六次播放了芒格的录音，每次都会露出顽皮的神色。

"我没什么要补充的"的硬纸板查理

1999 年

芒格多次强调西科金融不是迷你版的伯克希尔，它也不会因为规模小就更容易成长。为了使这一点更清楚，芒格一反伯克希尔的做法，在年报中为股东计算西科的内在价值。

西科金融在1999年的总回报率是19.6%，之前3年的总回报率是

58.7%，5年总回报率则是27.5%。1999年的股价下跌被芒格视为"微不足道的事情"。

> 我经历过很多熊市。如果你活得够久，有时你就不会去追赶投资潮流。

芒格花费600万美元设计建造的"海湾猫"号游艇完工了，这艘大船的甲板面积达到了3400平方英尺。对此，巴菲特和格伦一致认为，查理终于找到了一艘他能够驾驶，并且不容易弄沉的船。

2003年

在感恩节的聚会上，芒格和李录就价值投资与华尔街的问题相谈良久。芒格决定给李录投资，从此成为李录终身的导师、合作伙伴和挚友。

2007年

查理超越鲁本·芒格，成为家族中最长寿的人。

5月，芒格在南加州大学古尔德法学院的毕业典礼上发表演讲，演讲中他提到自己这辈子一直很崇拜孔子。

> 我很喜欢孔子关于孝道的思想，他认为孝道既是天生的，也需要教育，应该代代相传。你们要学会己所不欲，勿施于人。另外一个道理可能也会让你们想起孔子，那就是，获得智慧是一种道德责任，它不仅仅是为了让你们的生活变得更加美好。而且有一个相关的道理非常重要，那就是你们必须坚持终身学习。

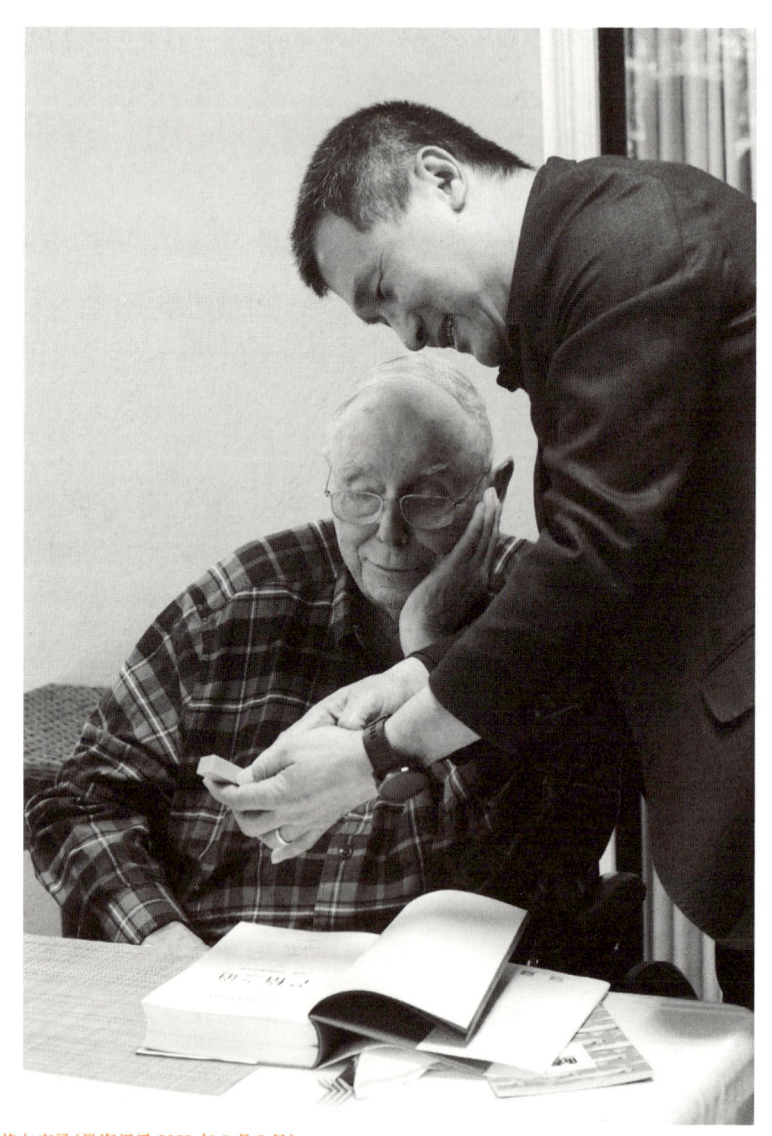

芒格与李录（洪海摄于 2023 年 5 月 8 日）

2008 年

芒格向巴菲特推荐了比亚迪,伯克希尔以 2.3 亿美元收购了比亚迪 10% 的股份。

> 看着比亚迪不断成长进步,我感到很欣慰。比亚迪发展单轨业务,说做就做起来了。中国人做事的效率很高,说做就做,我喜欢这样的行事风格。能与比亚迪这么成功的公司结缘,我们很荣幸。

2009 年

芒格执掌的每日期刊集团在处于金融危机谷底之际,用 2000 万美元购进了富国银行、美国银行等银行业的股票,为每日期刊集团带来了丰厚的回报。

> 美国银行这笔投资,符合我们过去的投资风格。美国银行跌得实在太多了,它当时的价格远远低于价值。美国银行还是有不少可取之处的,再怎么说也不至于那么便宜。

> 我说不好银行业的未来,也不知道支付体系将如何发展。我只知道两点:第一,运转良好的银行有益于文明的发展;第二,没有任何一家央行会放弃对银行体系和货币发行权的掌控。因此,我不认为比特币将取代现有的交换媒介。比特币波动太大,不适合作为一种交换媒介。比特币更像一种人造黄金。我从来不买黄金,当然也不买比特币。建议你们也像我一样。

2010 年

在李录的推动下,《穷查理宝典:查理·芒格智慧箴言录》中文版正式出版。此后在中国畅销百万册,启迪了大批价值投资者。

2011 年

芒格不再担任西科金融公司的首席执行官和董事会主席。6月,伯克希尔收购了西科金融剩下的约20%的股份。

2015 年

伯克希尔50周年。在致股东的信中,巴菲特说伯克希尔是根据设计师芒格设计的蓝图建立的。芒格也写了一篇《副董事长的思考》,反思了过去50年来的成功。

> 我想谈谈伯克希尔过去五十载的辉煌成就是否具有借鉴意义。答案显然是肯定的。在巴菲特任期的早些年里,伯克希尔面临一个艰巨的任务,就是让小公司壮大成为大型杰出企业。伯克希尔有一位深思熟虑的领导,他在不断提升自身能力的同时,广纳英才,通过避免官僚制度,并长期依靠这位英明领导,伯克希尔完成了任务。

3月,在每日期刊股东会上,芒格表示向法院系统提供案件管理软件的新业务收入已经超过了传统的报纸,上升为公司的主营业务。

> 如果每日期刊公司成功了,不但股东能赚钱,而且我们能为社会做出贡献。政府机构使用的现有系统效率低下,需要进行大量自动化。我们做软件,我们提供服务,做的是脏活、累活。正因为又

脏又累，别人不愿意干，我们才有这个机会。越难，我越喜欢。因为难，等我们真做成了，才不会被别人轻易抢走。

2019 年

芒格在每日期刊股东会上透露，期刊科技成功进军澳大利亚、加拿大等潜力巨大的国际市场。

> 我们花了很长时间，付出了很多努力。这个生意太难、太复杂，不是谁都能做的。我们能有今天的成绩，主要仰仗盖瑞·萨尔兹曼在过去10年里所做的工作。盖瑞做的工作是别人谁都做不来的。今年盖瑞已经80岁了，我们俩有个共同点，我们都拄拐杖了。我不坐轮椅的时候，拄拐杖走路。一家公司，董事会主席95岁，副主席89岁，80岁的首席执行官拄着拐，承担所有重要工作，却仍然志在占领全球市场，多奇葩啊！你们还大老远地来参加股东会，你们的脑子里是怎么想的呢？

2022 年

2月，每日期刊股东会在洛杉矶召开。会上，芒格解释了自己为什么会投资中国，并呼吁中美两国和平相处。

> 中国是一个现代化的大国。中国的人口众多。在过去30年的时间里，中国迅速跻身于现代化国家的行列。我们之所以拿出一部分资金去中国投资，是因为与美国的投资机会相比，中国的投资机

会更好，我们能以更便宜的价格买入，获得更高的公司价值。

中国和美国不一样，中国有自己的难题需要解决。我们应该看到，中国在某些方面比我们做得更好。中国应该和美国友好，美国也应该和中国友好。

会议的最后，芒格回顾了他与巴菲特坚持了这么多年的股东大会传统。

不是我们想成为什么大师，让全世界的人听我们讲话。以前，我们和我们的股东非常熟。我们觉得，既然大家每年就来这么一次，我们应该开诚布公地回答大家的问题。就这样，好多年过去了，股东年复一年地向我们提出五花八门的问题，我们就年复一年地耐心解答。既然大家愿意听我们说，我们就一直把这件事做下来了。

3月，芒格卸任每日期刊的董事会主席职务。

2023 年

《芒格之道：查理·芒格股东会讲话1987—2022》正式出版。

芒格依然出现在每日期刊与伯克希尔股东大会的现场，全程回答了股东们的提问。在股东会的最后，他向股东们告别：

时间差不多了，会议该结束了。能和大家再开一年的股东会，我感到很高兴。我们的股东会开了很多年了。祝大家一切顺利!

11月28日，99岁的芒格在家人的陪伴下，安详离开人世。

99 岁的查理·芒格（洪海摄于 2023 年 5 月 8 日）

"Spend each day trying to be a little wiser than you were when you woke up. Day by day, and at the end of the day-if you live long enough-like most people, you will get out of life what you deserve."

Charles T. Munger, *Poor Charlie's Almanack: The Wit and Wisdom of Charles T. Munger*